令人顫慄的恐怖動漫史

崩壞！

大風文化

前言

任何聞名於世的傑出動漫，肯定都會存在著令人大感意外的隱藏設定，或是後來遭到封印的黑歷史。

漫畫或動畫出現祕辛的原因有很多，最常見的情況，就是作品的初期設定在經過幾年後產生了巨變。例如《麵包超人》最早問世時是繪本形式，跟近年出現在動畫等媒體上的可愛造型完全不同。

另一種也佔大多數的情況，就是由於現代與過去的倫理價值觀發生改變，因此按照現在的標準，有些內容就不適合公開。這種例子多發生在維持數十年人氣的長青作品上，如《哆啦A夢》或《小超人帕門》等藤子不二雄作品裡，有不少章節都已經成為現在看不到的夢幻內容了。這些單元目前都被稱為「封印作品」，在漫畫愛好家之間也相當奇貨可居。

而第三大情況，就是由於作品呈現的形象與實際故事發展、角色設定產生極大差異，導致給觀眾群的印象出現反差。例如健康正向的迪士尼作品，有些故事來自於背景相當殘酷的格林童話。《小天使》裡小蓮的爺爺、姆米托魯的爸爸等都有令人意外的複雜背景。《美少女戰士》的結局也隱約帶著悲劇感。這些故事或角色設定經過多年就被遺忘，類似的情形並不少見。

初代麵包超人的哀傷過往、埋葬在哆啦A夢背後的黑歷史、《草原小屋（Little House on the Prairie）》或《鹿苑長春（The Yearling）》等世界名著原本是悲劇結局、《櫻桃小丸子》的某些橋段因為太可怕，所以無法收錄在單行本裡——

本書將挖掘並彙整這些知名作品背後的祕辛故事，敬請期待即將帶來衝擊的諸多花絮與逸聞吧！

【目　次】

第一章

名作篇

第二章

人氣作品篇

第三章

遊戲篇

第四章

古典篇

【第 一 章】

名作篇

《哆啦A夢》早期曾出現一名身分不明的神祕友人

《哆啦A夢》動畫開播至今已有47年，一直以來，大雄主要的朋友就是胖虎、小夫、靜香三人。

不過在動畫版第1話的〈夢幻小鎮大雄樂園〉裡，卻曾有個沒有任何人認識的第四位朋友悄悄登場。

這名朋友就在左頁圖片的最右邊，是個眼睛小小、身材高瘦的少年，理所當然地融入大雄一群人裡。角色設計與藤子・F・不二雄的畫風有極強烈的不協調感。在《哆啦A夢》裡，偶爾當然也會出現一些配角朋友。不過會這樣跟主要角色們一起行動的人物卻是異常的例子。

這名少年沒有名字，僅僅自言自語了一句「想躺在馬路看看」，就再也沒有戲份了。雖然莫名有存在感，卻跟故事沒什麼關係，在之後的動畫中也沒再出現過。

截自《哆啦Ａ夢　夢幻小鎮大雄樂園》，神祕角色登場。

本來在《哆啦A夢》原作的〈夢想城鎮．大雄的世界〉（《藤子．F．不二雄大全集》第4集）故事裡，也有個名叫「安雄」的少年跟著大雄等人一起行動，所以就這點而言，動畫算是忠實呈現原著設定。可是安雄之後在原作裡也登場過好多次，為什麼在動畫裡卻完全消失，箇中原因不得而知。

有一種推測是說，製作動畫的工作人員，原本打算推出原創角色，卻發現不好處理，所以才會改變設定。但真相是否如此，至今仍不明朗。

《哆啦Ａ夢》曾出現過相當恐怖的仿冒版本

１９９０年代，台灣曾發行過自創的「哆啦Ａ夢」，這件事各位聽說過嗎？標題是《機器貓小叮噹》，並非藤子不二雄創作的版本，只能說是由本地青文出版社擅自推出的海盜版。

因此有不少內容是日本版哆啦Ａ夢不可能出現的情節，更有許多是相當可怕的橋段。

代表性的例子之一，就是一篇大雄吃了神祕「心靈果」的故事。大雄等人瞞著學校去小夫的別墅玩，在抓昆蟲時發現了長相奇妙的精靈。在追逐的過程中看到名為「心靈果」的果實，還來不及阻止大雄，他就把果實吞了。

結果大雄一回到家，身體發生了變化，也逐漸變形，最後完全變成一棵樹，故事也就到這裡告於段落。接下來也沒有展開拯救大雄的橋段，超現實的結尾讓人不寒而慄。

這是《哆啦Ａ夢》不可能出現的恐怖發展。

不過，這篇作品在台灣的人氣似乎很高，其後也很順利地持續發行，最後全部共出版了236集，是很驚人的暢銷作品。

只是該作在1990年代後半就已絕版，現在已經看不到了。

漫畫界中最快的「快槍俠」其實是野比大雄

在漫畫的世界裡，曾有不少「快槍」專家登場過。讀者最先想到的人，大概會是《魯邦三世》裡的次元大介。根據官方設定資料顯示，他從胸口的槍套掏槍到扣扳機的時間是0・3秒。不過，比他還快的還有《骷髏13》的主角迪克・東鄉。作品中的骷髏曾測量過射擊速度，根據其內容，他的手槍射擊速度居然是0・17秒。這已經是人類肉眼難以捕捉的程度了。

然而，漫畫界裡還有比他更厲害的角色，那就是《哆啦A夢》裡的野比大雄。大雄的特技是「翻花繩與射擊」這點相當有名，從漫畫第24集推算出的紀錄來看，是驚人的0・1秒。這成績遠遠將身手極好的狙擊手們拋在身後，榮登漫畫界快槍俠的冠軍寶座。

《哆啦A夢》以前的哆啦A夢是用原子能源打造

哆啦A夢最喜歡吃銅鑼燒，無論在動畫或漫畫裡，都可以跟人類一樣正常進食，彷彿擁有與人類相同的消化器官，但其實並非如此。

根據2001年發行的《決定版哆啦A夢大事典》，內容載明哆啦A夢體內藏有原子反應爐，不管吃進什麼東西都能轉換成原子能源。也就是說，萬一哆啦A夢有任何故障的話，就非常有可能從體內釋出大量的放射性物質。

大概是擔心發生這種狀況，因此在2012年再版的《哆啦A夢大事典》中，就刪除了「原子爐」的文字。就連說明文字也變得比較模糊，改成「可以用高性能能源爐完全消化吃下的食物，所以不用上廁所。」看來畢竟到了現代，就知道原子能源也是有其缺陷的。

《哆啦A夢》初期的哆啦美是哆啦A夢的女朋友

大家都知道哆啦美是哆啦A夢的妹妹。跟哥哥不同，哆啦美相當可靠，而且受歡迎的程度甚至還有以她為主角的電影版。

不過大家知道嗎？事實上哆啦美最初在這部作品中亮相時，角色定位比較像是哆啦A夢的女朋友。

哆啦美首次在雜誌連載中登場，是在1973年的《小學四年生》3月號。並非藤子・F・不二雄的想法，而是募集了讀者意見之後誕生的原創角色。

內容如左頁，在雜誌的下期預告橋段裡，哆啦A夢對哆啦美表現得很害羞。當年還沒有進一步的詳細設定，大概只是想當成哆啦A夢的女朋友。

在那個時間點上，哆啦美的外表與個性也還沒定案，臉上還有六根鬍鬚，而且更是「以媲美一萬馬力的腕力大逞威風」的強悍角色。

此外，一開始哆啦美也沒在《哆啦A夢》裡登場，而是以另一部名為《哆啦美》的作品開始連載。同樣設定為來自未來的機器人，負責協助大雄的遠親「野比太雄」。

後來沒有野比太雄的存在之後，哆啦美就重新設定為哆啦A夢的妹妹，固定變成現在的模式。

摘自《小學四年生》。以女朋友的角度來介紹哆啦美

《哆啦A夢》初期的靜香說話很毒舌

《哆啦A夢》裡的人氣角色靜香，是公認的「乖女孩」。她對大雄很溫柔，有時候還會勇敢反抗兇暴的胖虎，其實已經算是聖人了。

不過這是指動畫版裡的情況。原作漫畫裡的靜香，經常會講出很衝的尖銳台詞，連讀者都大為吃驚。

例如靜香作完畫之後，大雄居然提議「我幫妳加幾筆會更好看」，靜香馬上毫不留情地說：「你的畫是班上出名的糟啊！」此外，聽到胖虎與小夫討論愚人節要怎麼整大雄時，靜香也說了：「就算他是笨蛋，先讓他期待又讓他失望，這樣太可憐了。」這反應其實很冷酷啊。

除此之外，她對大雄的毒舌還包括了「你不是班上最健忘的嗎？」、「小夫精神錯亂了啊！」、「騙人！大雄的臉長得比你有趣多了！」、「大雄，前陣子借你的書請還我。咦？還看不到一半？好慢哦。」等等……這些也都是靜香粉絲之間很有名的台詞。

這些台詞雖然在動畫版裡完全看不到，不過初期漫畫裡倒是常見，回頭去看看應該很有趣。

摘自《哆啦Ａ夢》。初期的靜香毒舌時都面不改色

《哆啦A夢》第一話因為殘忍而無法改編成動畫

《哆啦A夢》從1969年開始連載第一話，標題是〈來自遙遠的未來〉，由《小學四年生》雜誌刊登。內容是大雄與哆啦A夢初次見面的場景，是很重要的一篇。

但在1979年朝日電視台開始播放的動畫版《哆啦A夢》裡，第一集卻不是這則故事，要一直到2002年播放的第1694集，才終於製播了〈來自遙遠的未來國度〉。

這一篇一直被封存起來是有原因的。這則故事進行到一半，哆啦A夢就預言「大雄三十分鐘後會上吊」，之後大雄果然真的被垂吊在樹枝上，這樣的內容太殘忍驚悚會造成問題。

因此在2002年製播動畫時，就把那句有問題的對白改為「大雄三十分鐘後會被砂石車撞飛」。可是上吊不行，為什麼被砂石車撞就可以，其標準令人難以理解。

摘自《哆啦Ａ夢》。殘忍的場面導致很長一段時間都無法製播成動畫

不過，《瓢蟲漫畫哆啦Ａ夢》這個版本並沒有受法規限制，至今仍完整地保留了那個爭議性的「上吊」場景。

此外，這篇故事裡，胖妹看到大雄被吊起來時，胖妹大笑著說：「呀啊！他上吊了，哈哈哈！」這種行為也相當惡劣。現在版本的胖妹是個有禮貌且乖巧的女孩，但在連載初期的設定中，她卻有跟哥哥胖虎同樣粗暴的個性。

《哆啦A夢》
哆啦A夢的頭銜是意志薄弱兒童監視指導員

哆啦A夢是一個從未來回到現代協助大雄的貓型機器人。在動畫及漫畫裡，單純只有「保母機器人」的設定，但根據1970年刊行的《哆啦A夢百科》資料所示，他還有個頗為可怕的頭銜。

那頭銜的名稱就是「特定意志薄弱兒童監視指導員」。矯正意志薄弱小孩的毅力，似乎是哆啦A夢原本的工作。

這是因為哆啦A夢整天無所事事被批評之後，哆啦A夢反駁道：「我可是有正當職業的。」

這一點雖是以前藤子・F・不二雄的助手方倉陽二所做的原創設定。不過《哆啦A夢百科》的確是由藤子不二雄所監製，可說已經很接近官方設定了。

只不過，目前哆啦A夢在官方設定中，僅介紹他是「保母機器人」，而「特定意志

摘自《哆啦 A 夢百科》。哆啦 A 夢的風格相當不同

薄弱兒童監視指導員」這個名稱則已經徹底成為黑歷史，未來應該也不會再使用。

此外，這本《哆啦A夢百科》裡還包括許多現在的《哆啦A夢》已經棄置不用的設定。例如「哆啦A夢的鬍子以及鈴鐺各自帶有相當方便的機能」，或是「哆啦A夢其實是性能較差的機器人，並沒有讓過去的大雄浴火重生的能力」等等，許多都與現在的哆啦A夢給人的印象極為不同。

另一方面，該書同樣有不少內容被《哆啦A夢》的官方設定採用，至今仍被不少讀者視為「準官方」參考書，算是相當有份量的作品。

《哆啦A夢》
初代哆啦A夢有著沉著穩重的大叔聲音

人氣動畫《哆啦A夢》是朝日電視台的招牌，早期的哆啦A夢配音員是大山羨代，目前則由水田山葵負責配音，而且本作品每年還會推出電影版長篇動畫。

事實上，早在1979年朝日電視開始播放《哆啦A夢》之前，還有另一個版本的動畫，只是現在不能再播放，就此封存起來。

第一代的《哆啦A夢》動畫，始於1973年，由日本電視台負責播放，當時的角色設計以及設定都與現在的《哆啦A夢》大不相同。作品內容則是笨拙男孩與笨拙機器人到處惹禍上身的故事。

而且日本電視台的製播工作人員，似乎認為哆啦A夢是「喜歡照顧人的大叔」。因此哆啦A夢的配音員，就起用了專為美國老牌男星歐尼斯・鮑寧（Ernest Borgnine）配音的富田耕生先生。聲音當然跟現在的哆啦A夢不同，是比較沉著的大叔聲。

可能也是因為如此，該作品的收視率一直不見起色，共製作26集之後就結束。而且那之後沒多久還發生製作公司的社長失蹤事件，至今仍不知道動畫著作權流落何方。

更甚者，原作藤子・F・不二雄後來更表示：「那是失敗之作。」似乎十分鄙棄日本電視台版的《哆啦A夢》。到最後，連影片膠捲也不知去向，等於是徹底被封存起來的一部作品。

摘自日本電視台版《哆啦 A 夢》最後一集。角色設計與現在的差異極大

《哆啦A夢》靜香的父母不知不覺就變成另一組人

說到《哆啦A夢》裡的女主角，就只有靜香了。長得漂亮且個性進退得宜，是個完美的角色。不過各位知道嗎？她的家庭故事也呈現複雜的情況呢！

這麼說的意思是，靜香的雙親因為登場時代的不同，看起來就像是換了一組人。具體的例子是舊作《哆啦A夢》第1188話〈搭潛水艇航向大海〉裡，登場的靜香爸爸留著小鬍子，體型也偏瘦高，後來在1999年播映的電影〈大雄的結婚前夜〉裡，靜香爸爸登場時就已經是微胖體型且戴著大黑框眼鏡，完全是另一個人了。

同樣的，靜香媽媽的外表也是前後完全不同。電視版的靜香媽媽就像是靜香的成年版，是個美女。相對而言漫畫版的靜香媽媽就有點胖胖的，有著圓圓黑黑的小眼睛。兩者的相似之處只有髮型，看起來不是同一個人。因此網路上還出現了各種謠言跟推測，例如「媽媽減肥瘦下來」、「父母再婚」甚至是「靜香後來成為別人家的養女」等。

摘自《哆啦Ａ夢》。漫畫版（左）與動畫版（右）

上述的推測當然不是事實，據說單純只是製作單位的設定疏失。畢竟無論是動畫或漫畫，靜香的父母出場次數極少，因此在不同的時間下似乎都會做新的角色設計。尤其在電影版裡又時不時改變外表，所以仔細看就會覺得相當不對勁。

只是不過，若想像成那個乖巧的靜香竟會有複雜的家庭環境，就感到還滿有趣的。

《哆啦A夢》竟然出現「保險套」這種字眼

動畫版的《哆啦A夢》從1973年開播，是至今仍在持續播出的超人氣節目。但這部家喻戶曉的兒童向長青動畫，2009年卻發生過一件大事。

那就是收錄了之前播放作品的DVD《哆啦A夢時光機盒1979》的影片中，出現了「保險套」、「交尾」、「精力」等猥褻字眼。

出問題的部分，是標題為〈一生一次的一百分〉這一集，其中有一幕是大雄寫筆記用功唸書的樣子。這一幕其實只有短短2秒，筆記上卻寫了「以交流回路來消耗的精力」、「以交尾回路來消耗的電力」、「負擔已經是保險套的時候」等猥褻的文字。

據說這是當時的製作班底以惡作劇的心態隨筆寫下的內容。因為只出現了2秒，所以電視播放當時沒有人發現其中細節，收錄在DVD之後，觀眾可以暫停或重播，導致這個惡作劇時隔多年還是被發現了。

摘自《哆啦 A 夢時光機盒 1979》。意想不到的惡作劇被抓包

由於遭到消費者投訴，發行商華納兄弟公司便宣布受理商品的回收及更換，並表示：「有關DVD《哆啦A夢時光機盒1979》（發行：朝日電視台、小學館）的部分場景包含了不適合出現於兒童動畫的用詞。經查，該內容原為1979年於電視上播放的《哆啦A夢》初期作品中的〈一生一次的一百分〉單元，畫面上確實有當時某些製作相關人員的『惡作劇塗鴉』。」

最後，這套DVD被雪藏起來，重新製作了將問題場景修正過的版本。

哆啦A夢的「A夢」原文其實應該是片假名「エモン」

《哆啦A夢》從開始連載至今，「A夢」的日文原文都是以平假名「えもん」書寫。也因此，許多人很容易以為這就是哆啦A夢真正的名字，不過各位知道嗎？其實原本的A夢應該用片假名「エモン」書寫才正確。

故事的來龍去脈，就畫在1977年corocoro comics所連載的《哆啦A夢百科》裡。某天，有位機器人戶籍調查員來訪查哆啦A夢，他請哆啦A夢在調查表上寫名字，但哆啦A夢卻偏偏想不起來片假名的「エモン」要怎麼寫，只好把名字簽成「ドラえもん」。所以他本來正確的姓名寫法是「ドラエモン」，卻以「ドラえもん」的名義交出調查表。

結果也造成《ドラえもん》取代了《ドラエモン》成為哆啦A夢名字的正式寫法，對哆啦A夢而言，真是非常不堪的苦澀回憶。

摘自《哆啦Ａ夢百科》。一切都是因為哆啦Ａ夢亂寫

但話說回來，著手繪製《哆啦A夢百科》的是藤子不二雄的助手方倉陽二。書中的內容都是由方倉陽二創作，「ドラエモン」也不是藤子不二雄所想出來的設定。

但反過來說，《哆啦A夢百科》的確是藤子不二雄負責監修的作品，這應該就代表本書「經過原作者認同」了。

哆啦A夢的祕密道具
因為太糟糕而遭到封印

1973年在《小學五年生》刊載的《哆啦A夢》，裡面出現了一個祕密道具，後來因為有點糟糕，結果發行單行本漫畫時遭到刪除。

那個道具的名稱是「自動乞丐機」，是哆啦美從哆啦A夢口袋裡拿出來的道具之一，乍看之下以為是地毯，但一坐上去按下按鈕之後，就會出現寫著「可憐乞丐」的立牌、讓人投錢的缽盤、擴音器。

不僅如此，擴音器還開始播放「好心的左鄰右舍們……」等，用來乞討的語音。以現代的標準來看，的確是有違倫理方面的道具。

因此在漫畫第6集裡，該部分就以另一個道具「重力油漆」來取代。2009年發售的《藤子・F・不二雄大全集哆啦A夢2集》重新收錄本單元時，立牌的文字被改為「請投錢」，而且哆啦美的對白「原來是自動乞丐機啊」也更改為「又搞錯了」，把道

具的名稱完全消除掉。

摘自《藤子・F・不二雄大全集》。有問題的台詞已經被換掉了

除此之外，這個道具以前也曾在《續哆啦A夢全百科》以及《哆啦A夢祕密大事典》記載過，不過這些書目前都已經買不到了。

《哆啦A夢》還有不少件遭到封印的道具，例如「分解螺絲起子」或是「人體切斷機」等，都有用道具把人切得四分五裂的劇情而引起爭議，現在大多沒被收錄在漫畫裡。所以說起來，《哆啦A夢》裡其實有不少相當亂來的場景。

《哆啦A夢》哆啦美劈腿四個男朋友

哆啦A夢的妹妹哆啦美是個很有人氣的角色，清純的形象也令人印象深刻。但是有證據顯示，哆啦美其實是個有點花心的女孩。

左頁是摘自1980年發行的《哆啦A夢百科》其中一頁。這個小專欄介紹的是哆啦美的男朋友們，她也坦承自己正在跟四個對象交往。

這些男朋友的類別也各不相同，從肌肉男到帥哥都有，有本來是演員但拋下大明星光環來追她，也有住在遠方的大富豪特地搭火箭飛來看她，顯示哆啦美有多受歡迎。其中有個叫馬鈴薯君的神祕角色，哆啦美的說明是：「與其說是男朋友，比較像寵物好朋友呢。」一輕描淡寫但有點過份的形容，似乎也顯示哆啦美是個很不拘小節的角色。

當然，這些設定也非藤子．F．不二雄所想的，是他的助理方倉陽二所創作。不過《哆啦A夢百科》是經過藤子．F．不二雄認可的作品，所以哆啦美劈腿四人的設定說

不定跟官方相去不遠。

摘自《哆啦Ａ夢百科》。哆啦美驚人的閱男履歷

看來哆啦美大大顛覆世人對她的印象，是個花心的女孩呢！

《哆啦A夢》大雄跟靜香真的死掉過

大雄跟靜香一直以來在《哆啦A夢》大長篇電影版裡，經歷並克服了許多危機，幸虧沒真的遇到會要他們小命的重創——讀者大多會以為是如此，不過各位知道嗎？事實上他們曾經真的死過一次哦！

出現這一幕的作品，就是1994年上映的《劇場版哆啦A夢：大雄與夢幻三劍士》。故事敘述對現實世界不滿的大雄，使用哆啦A夢的道具讓自己能在美夢裡玩耍。內容完全以異世界為背景，與之前的電影版呈現非常不同的氣氛，是往來於夢境與現實之間的異色作品。

大雄與哆啦A夢在夢中被選為傳說中的「白銀劍士」，開啟了他們的冒險之旅。可是，這場夢並非普通夢境，邪惡的妖怪大帝奧多羅姆正企圖跨越夢境入侵現實世界。

而當劇情邁入最高潮時，出現了衝擊性的發展。大雄與靜香在面對最後的敵人時，被敵人發動的攻擊輕易地打倒，最後變成塵土而死。

摘自《劇場版哆啦Ａ夢：大雄與夢幻三劍士》。靜香變成塵土

兩人在之後隨劇情發展當然會復活，但在《哆啦A夢》系列作品中，沒有其他作品出現過主角死亡的橋段，當年上映時據說造成不少小朋友的心理陰影。

作者藤子．F．不二雄曾經表示，在繪畫的過程中，角色會開始自行採取行動，故事走向會隨之慢慢偏離預期，也將本故事定位為失敗的作品。

《哆啦A夢》初期哆啦A夢的妹妹是鴨子型機器人

提到《哆啦A夢》裡的妹妹一角，當然非哆啦美莫屬。不過各位知道嗎？直到1970年代初期，妹妹這個角色另有機器人。

其名為「喀喳子」，是一隻母的機器鴨，頭頂上有個大蝴蝶結，嘴巴裡上下排各只有一顆牙，老實說並不太討喜。

她在1970年的《小學二年生》雜誌裡首度登場，由於大雄的笨拙怎麼也改不了，未來世界便送來另一個保母型機器人以取代哆啦A夢。喀喳子身上搭載了最尖端的科技，也讓哆啦A夢自慚形穢。

因為如此，喀喳子對哆啦A夢的態度相當傲慢，說話更是十分不客氣，如「哆啦A夢很不可靠嘛」、「大雄跟哆啦A夢都很笨啊！」這麼一來，給讀者的印象又更差了。

這位喀喳子其實也曾在日本電視台版本的動畫（參考第26頁）裡出現過，當年似乎

也打算培養她成為《哆啦A夢》裡的固定班底。

摘自《哆啦Ａ夢》。喀喳子說話很刻薄

然而以結果來說，喀喳子只出現過5回。藤子・F・不二雄後來提及此事，表示「這個角色會分散焦點，讓漫畫呈現完全不同的風格」，因此最後才決定「當作喀喳子沒出現過」。

正因如此，之後的漫畫單行本也沒有收錄喀喳子登場的單元，直到2009年發售的《哆啦A夢大全集》裡，才收錄了所有過去不曾收錄的內容。因此現在5篇喀喳子登場的故事都看得到了。

《哆啦A夢》作者忘記設定使得小夫的弟弟消失了

就像前一頁所提的喀嗒子那樣，《哆啦A夢》裡有許多「被當作不曾有過」的角色。另一位被漫畫版刪除的角色，就是小夫的弟弟小宇。

在1970年代的原作漫畫裡，小宇還會偶爾登場，但後來他登場的畫面逐漸減少，不知不覺便消聲匿跡。其實他只在3則故事裡出現過，後來就不見了。甚至到了1980年代，小夫還追加了「獨生子」這樣的設定，徹底抹殺了小宇的存在，實在是有夠悲情的角色。

但這一連串過程並沒有什麼特殊原因，據說單純只是藤子・F・不二雄忘了小宇這號人物而已。

後來在讀者詢問「小宇到哪去了」時，作者為了前後連貫，才發表了新篇〈小夫是理想的哥哥〉。在更改過的設定中，小宇去了紐約的伯父家當養子。

摘自《哆啦Ａ夢》。早期的小宇個性也很不討喜

早期登場的小宇個性很像他哥哥，都不太討人喜歡，但新版本的小宇卻判若兩人，變得坦率又有禮貌。

難道是紐約的教育比較好嗎？還是藤子老師不記得原本的角色設定呢？我們已經不得而知了。

《哆啦A夢》呈現手法太激烈而遭封印的夢幻單元

本書第12頁曾提過，初期的《哆啦A夢》在設定上還沒固定下來，因此有不少故事風格與現在形象不同，令人印象深刻的單元。其中也有些作品以現代角度來看呈現手法過度偏激，後來便沒有收錄在漫畫單行本裡。

最具代表性的例子，就是1977年發行的《電視君》雜誌上刊載的〈分解螺絲起子〉。為了修好壞掉的時鐘，哆啦A夢給了大雄一支可以徹底拆解任何東西的「分解螺絲起子」。但大雄一時不察，不小心把自己分解了，拼起來後變成上半身再加上一條腿的詭異樣子。

可是大雄覺得這樣的狀態很有趣，便拿著螺絲起子出門了。他拆掉了學生千辛萬苦組好的塑膠模型，把正在打架的貓跟狗分解後將頭對調後裝上。最後跟胖虎起了爭執，兩人都變得四分五裂散在路上。這畫面讓孩子們看到，的確會造成很大的衝擊。

《哆啦Ａ夢》。大雄與胖虎四分五裂的可怕鏡頭

另一篇知名的封印作品，則是1970年刊載在《小學一年生》的〈奇怪電波〉。原文的「クルパー」是「クルクルパー（腦袋空空）」的簡稱。意指只要照到這種電波，就會害人腦袋空空喪失智能。由於威力太強大，害得老師連「1＋1」都解不開，大雄爸爸也忘記去上班的路。

結果除了哆啦Ａ夢跟大雄之外，所有角色臉上都掛著鼻水變成笨蛋。當年的工作人員後來也表示：「這是現在不可能出現的用詞」。

《哆啦A夢》「胖妹」其實並非本名

國民動畫《哆啦A夢》裡有個讀者也很熟悉的角色名叫胖妹[1]，是胖虎的妹妹，夢想成為少女漫畫家，有著穩重的性格。

實際上，胖妹並沒有本名。儘管胖虎有個本名是「剛田武」，但動畫裡卻不曾出現過稱呼胖妹本名的場景。就連胖虎媽都喊自己女兒「胖妹」，導致胖妹住院的時候，床邊的名牌也很隨意地寫著「剛田胖妹」。從頭貫徹到尾的稱呼，讓人幾乎要懷疑是否需要特別拿出來談。動漫裡不提本名的原因長年以來一直是個謎，直到2006年2月朝日電視台播放《哆啦A夢誕生故事　藤子・F・不二雄寫給大家的信》，才總算真相大白。節目中藤子不二雄的相關人員表示：「擔心萬一公布胖妹的本名，與她同名的女生就可能在學校遭到霸凌。」

1　動畫版使用的譯名則是「小珠」。

原子小金剛的下場，是被其他機器人所殺

說到手塚治虫的知名作品《原子小金剛》的結局，較有名的應該是動畫版的最後，小金剛飛向太陽的一幕。事實上，漫畫版在這之後還有故事，篇名是〈小金剛的最後〉。故事發生在人類數量大幅減少而遭到機器人統治的未來地球，這個世界的人類，都是由機器人們在試管中養育長大的。

人類完全被當成機器人的奴隸，成年男性會被帶到競技場，被迫自相殘殺。主角因此感到忿忿不平，因此喚醒了被裝飾在機器人博物館裡的小金剛，拜託他打倒未來的機器人。儘管小金剛答應了主角，卻遭到未來機器人的反擊，一擊就死了。而且未來機器人發現連主角跟同行的女友都是機器人，便連他們也一起殺害。通篇沒有任何希望，後來手塚治虫還自評這篇故事「讓人心裡不舒服」。

原子小金剛的雙腿是接上他初戀之人的腿

人氣動畫《原子小金剛》的第54集〈初戀〉，影片一開頭就是手塚治虫本人現身，對著觀眾說了一段話。

「關於小金剛的腿有一個祕密，那是一個很悲傷、很悲傷的故事。」

這篇故事的開始，小金剛為了搶回研究所被偷的炸彈設計圖，打算潛入某國。負責幫小金剛帶路的，則是一位叫做妞妞，很可愛的女孩外型機器人。

小金剛在妞妞的幫助下一路闖入犯人的祕密基地，過程中逐漸培養出淡淡的情愫，這也是小金剛初次感受到戀愛。

可是隨著故事進展，出現了令人震驚的事實。妞妞竟是按照被盜的設計圖所製作的機器人，她體內還裝了炸彈裝置。

為了避免大爆炸，除了將妞妞拆解之外別無它法。最後，小金剛的初戀就這樣被拆得七零八落，只剩下一雙腿。深愛的機器少女遭到解體的那一幕，的確是一場悲劇。

摘自〈初戀〉。小金剛的初戀對象被拆解得四分五裂的場景

悲傷的小金剛帶著妞妞的雙腳回到茶水博士身邊，他請求茶水博士將自己身上的雙腿，換成心愛的機器人的腿。

於是在移植完畢之後，小金剛看著自己的新腿，低聲說道：

「妞妞，我們會一直在一起的哦！」

哀傷又驚悚的發展，使其成為粉絲之間的高人氣故事。

第二代原子小金剛因犯下盜用公物罪遭警方逮捕

大紅作品《原子小金剛》由於連載時間很長，因此也陸續出了許多衍生作品。其中好幾部都是手塚治虫自由描繪的故事，與《原子小金剛》原作形象大大背道而馳的作品更是不少。

《原子小金剛二世》便是著名的其中之一。這是1975年刊出的故事，描繪的是《原子小金剛》結局之後令人意想不到的發展。

在動畫版最後一集，小金剛朝著太陽飛去而死。這篇作品描繪的就是之後世界發生的事情。故事就從日本政府委託茶水博士打造繼承小金剛的機器人開始說起。

博士接受委託之後，決心製作一具完成度更高的「小金剛之子」。因此他裝上了「更像人類」的電腦迴路，打造出完美的機器人。

然而這一番的費盡心思最後卻事與願違。由於過度追求擁有人性，使得完成後的小

金剛二世反而成為無可救藥的糟糕機器人。

摘自《小金剛二世》。沒人想看到這樣的小金剛……

他一天到晚都在看電視，偶爾出門也是去把妹開房間。無論發生任何抗爭或暴動都視若無睹，看到自殺的人也見死不救。

後來，他還開始盜取政府開發的核子武器來製造大量機器人，賣給世界各國賺取不義之財，到最後一身狼狽地被警察以背信竊盜罪名逮捕。

蓄著一臉落腮鬍，戴著手銬的小金剛，已經完全了沒有當年正義夥伴的英姿。最後也不出所料遭到所有粉絲嫌棄，是一部難以理解的作品。

《海螺小姐》以前的鱒男先生是個超級搗蛋鬼

《海螺小姐》裡的阿鰹是個調皮的角色。相對之下，鱒男先生個性就很敦厚，經常勸阻阿鰹的惡作劇。

不過，原作版本的鱒男卻是完全不同的性格，喜歡惡作劇的程度與阿鰹不相上下，而且內容更為惡劣。

例如，在鱒男先生跟鄰居海苔助一起登山的那則故事裡，兩人心血來潮想要玩「辦案遊戲」，於是海苔助演刑警，鱒男則扮成犯人，當場就演起了「這裡埋了屍體」的情境。

這麼一來當然嚇到路過的登山健行客，他們扔下裝了大量松茸的籃子，落荒而逃。於是鱒男便把那些松茸帶回家當伴手禮，讓海螺小姐煮來吃。這無疑是犯罪行為了吧！

《海螺小姐》磯野家被闖空門的次數高達82次

《海螺小姐》裡存在好幾個常會出現的「經典橋段」，其中較知名的，例如阿鰹考零分，或是海螺做菜失敗。另外也佔多數的還有「磯野家遭小偷」這樣的橋段。固定的模式就是有個頭臉包著手帕，背著一個唐草紋包袱的老派小偷登場，潛入磯野家之後便會引起一連串風波。

遭小偷的故事特別容易發生在節分（立春前一天）時期。常有的情景是戴著鬼面具的壞蛋打算闖入磯野家。而且無論是動畫版或漫畫版都有不少以小偷為主題的單元，若將過去登場過的所有故事合計下來，總共高達82次，實在相當驚人。

《海螺小姐》裡會有這麼多遭小偷的故事，是因為原作者長谷川町子家以前被闖過好幾次空門。似乎也是為了活用自己的受害經驗，才會多次在作品中採用小偷哏吧！

《海螺小姐》海螺小姐追趕野貓的理由令人哀傷

《海螺小姐》的主題曲裡，有提到海螺小姐光著腳丫追趕叼走魚的野貓。一般人多會以為那只是想凸顯海螺小姐的特色，實際上背後卻隱藏著令人動容的哀傷故事。

最早描繪海螺小姐與野貓的單元，出現在1946年5月。實際上當年福岡縣的地方報紙刊登了一則新聞，內容就是魚被貓偷叼走的事件。所以本篇故事的開頭，就是海螺小姐把配給的魚交給主婦的一幕。日本的戰後時期面臨糧食短缺的困境，當時的魚都是配給制。然而當海螺小姐要把魚交給一名主婦時，忽然從旁冒出來一隻野貓，搶走了海螺小姐手上的魚。

負責任的海螺小姐雖然腳上穿著拖鞋，還是拔腿開始追貓，後來不好走就乾脆赤腳去追趕。這麼努力的身影，之後便被寫進主題曲裡了。

《海螺小姐》鱒男先生的身體能力其實異常強大

深受《海螺小姐》的觀眾們熟悉的鱒男先生，是有名的認真又笨拙的角色。擁有總是體貼周遭人的溫柔性格，就像阿鰹或裙帶菜的大哥一樣。

但是這樣的鱒男先生卻有令人意想不到的特長。儘管是相當笨拙的角色，實際卻擁有驚人的身體能力，他能夠一邊將鬆餅翻面，同時大聲呼喝並後空翻。強大的身體能力令人震撼。

目前為止他在動畫版表演過三次，最近的一次是2013年11月播放的〈鱒男，一日主夫〉這集，當時也蔚為一陣話題。

這一集講述家裡剩下鱒男跟孩子們，中途在做飯的場景時，鱒男就露了一手。他把平底鍋裡的鬆餅往上甩之後，做了個華麗的後空翻。

只是看到這麼驚人的技藝，孩子們的反應相當冷淡就是了。

《海螺小姐》波平先生其實被貶職好多次了

《海螺小姐》裡的大家長波平先生到底從事什麼工作？想必有不少觀眾有此疑問。從有人喊他專務，也很認真工作的場景來看，職務應該不小，但波平先生的工作內容究竟是什麼呢？

事實上，官方已經給出這個問題的答案了。根據2015年12月播放的綜藝節目《夏季神問答（さまぁ～ずの神ギ問）》，製作人很明白地表示：「他沒有特定職務」。據說是因為他的工作與故事內容無關，所以沒有設定這麼細節的部分。

不過以上是指動畫版的設定，在原作裡，波平先生的職涯倒是頗為複雜。原作開始沒多久，波平就在九州的公司任職，還被稱呼為「局長」。等到磯野家搬遷到東京之後，莫名地變成一般職員。雖然不知道中間經過了什麼人事變動，但讀者自然會覺得這是被貶職了吧！

《海螺小姐》鮭魚子出乎意料地會說很多話

關於《海螺小姐》裡登場的嬰兒鮭魚子，有很多設定都不完整，至今仍真相不明的其中一項就是「鮭魚子到底能說多少話？」。

提到鮭魚子，讀者印象比較深刻的可能是只會說「好～」或「趴噗」，然後用表情來傳達喜怒哀樂各種情緒。然而在1985年播放的〈鮭魚子，歡迎回來〉這集裡，鮭魚子就首次說了其他話。海苔助所錄下的「錄音帶信」裡，可以聽到鮭魚子詢問「要回來嗎？」的聲音混在裡面。

自此之後，鮭魚子說話的場景便偶爾會出現，目前確定他會說的單詞包括「爸爸」、「媽媽」、「嗯哼」、「不行」、「剪刀石頭布」、「好吃」、「球球」、「玩具」、「可惜」、「回家」。

《海螺小姐》海螺小姐對房東施暴後遭趕出家門

觀眾讀者應該都知道，《海螺小姐》故事中，鱒男先生明明不是招贅的女婿，卻還是住在妻子娘家。仔細一想，這樣的設定似乎有些奇妙，但其實這是有原因的。

原本海螺小姐和鱒男先生、兒子鱈男三人住在都內。某一天，鱒男先生為了找東西生火，鋸壞了房東家的木籬笆，這讓房東氣得叫他們立刻搬走。

可是海螺小姐卻因此惱羞成怒，讓情況一發不可收拾。儘管海螺小姐的爸爸波平來當和事佬，但在他來之前，海螺小姐已經揮拳揍了房東的頭，導致雙方徹底決裂。於是，被趕出門的海螺小姐只好低頭懇求波平的收留，回去賴著磯野家不走。看來早期的《海螺小姐》內容真是難以想像。

《海螺小姐》以前的鱈男對海螺小姐說話很嗆

動畫《海螺小姐》的主角群之一鱈男，是個說話文雅又穩重的孩子，跟調皮的阿鰹完全不同。可是鱈男這個角色的設定，從80年代開始才慢慢固定成今日的樣子。動畫開始初期，鱈男還是個愛搗蛋的淘氣鬼，對母親海螺小姐也常出言不遜。其中最具代表性的一集故事，就是1970年7月5日播放的〈倉庫之神〉。某天，海螺小姐發現鱈男用蠟筆亂畫玻璃窗，為此大發雷霆，一邊痛罵鱈男一邊用腋下夾著他，把他關進了屋外的倉庫裡面。

鱈男因此也生起氣來，用力搥打倉庫的門大吼：「開門！別只會欺負小孩！」一再怎麼看，做錯事的人都是鱈男，但卻對自己的媽媽說這種話，與現在鱈男的形象根本判若兩人。

《海螺小姐》阿鰹的朋友——中島的父母是戰死的

《海螺小姐》裡阿鰹最要好的朋友就是中島，是個戴眼鏡、栗子頭的男孩，最有名的就是他找阿鰹玩棒球時說的對白。

可是這位中島同學卻有一點相當謎樣，就是他的父母從未在作品中出現過。儘管他的哥哥偶爾會登場，出席教學參觀日的人則是他的爺爺，父母都沒到。這一切不可思議的情況，答案就在原著裡。在漫畫版的《海螺小姐》中，阿鰹最好的朋友是個戰爭孤兒，雖然沒有提及這男孩的名字，不過戴眼鏡、栗子頭的外表與動畫版的中島如出一轍。這位漫畫版的中島，父親隨軍隊出征而戰死沙場，母親則是在空襲時為了保護還是嬰兒的他而死。哥哥因為被寄養在父親老家而逃過一劫，但父親的老家本來也只有爺爺一人而已。

《海螺小姐》曾出現過鱈男嗑藥的夢幻劇本

《海螺小姐》是日本國民動畫，其中的鱈男就是以穩重的性格聞名。不過據說這樣的鱈男，也曾經有過因為吃了藥而大鬧一番的故事，非常令人難以置信。

這是於1985年撰寫的一篇名為〈鱈男的成長期〉的劇本。負責寫劇本的是鼎鼎大名的劇作家三谷幸喜，曾寫過《谷畑任三郎》等熱門大作。故事中的鱈男吃了肌肉增強劑之後變成強壯的肌肉少年，還在奧運游泳比賽大鬧一場。雖然結局會發現這一切都是鱈男的一場夢，但整體故事發展卻與《海螺小姐》的一貫風格有極大差異。

於是非常可惜的，這個故事最後沒有播出。據說製作人拿到劇本時，因為內容太超現實而感到吃驚，對三谷幸喜說：「您不了解海螺小姐的世界觀。」只能將劇本束之高閣。

《海螺小姐》初期的鮭魚子是設定為小女生

《海螺小姐》有個叫做鮭魚子的角色，是海螺小姐的表哥海苔助1歲大的兒子，擁有相當旺盛的好奇心。

不過這個角色在完全固定下來之前，據說也歷經了一番波折。在原作裡，海苔助的孩子不僅沒有名字，就連性別也不曾提及。

事實上，根據1964年朝日新聞播出的內容，在家族介紹的場景裡，海苔助的太太鯛子手裡抱的小孩名字叫「千鳥」。

而在別篇故事中，鯛子剛生下鮭魚子不久，海苔助去登記出生證明時，則是帶著寫有「奈美惠」之名的表格前往公所。此外，更在其他篇故事中，描繪過鯛子去買女兒節人偶的橋段。所以在初期設定裡，鮭魚子極有可能是個女嬰。

《海螺小姐》有兩個伊佐坂老師

《海螺小姐》的磯野家有名男性鄰居，大家都叫他伊佐坂老師。年齡大約六十多歲，是個戀愛小說作家，髮量稀疏，是個看起來很和藹的老先生。

可是這位伊佐坂老師可能「有兩個同名同姓的人物」，讓讀者感到疑惑。

說起來，在現在的伊佐坂老師搬來之前，磯野家鄰居是另一名「濱先生」，他是個溫和敦厚、沒名氣的畫家，跟磯野家的交情很好。

不過更早在濱先生之前，還有另一位人士住在磯野家隔壁，而且居然也稱為伊佐坂老師。這位伊佐坂老師身材苗條，五官立體很有魄力，黑色頭髮上戴了很時尚的貝雷帽。而且他還經常穿著袴褲（和服寬褲），打扮得像是武道家一般，跟現在的伊佐坂老師散發的溫和氣息完全不一樣。不同的兩人卻有相同的名字，其中原因為何如今仍不得而知。

《海螺小姐》伊佐坂老師曾持有毒品

1969年開播的《海螺小姐》，是一部長壽的人氣國民動畫。在這麼漫長的播放史中，當然出現過一些禁忌的題材。

有問題的那篇故事，就是《海螺小姐》原作漫畫中關於「非洛滂」的話題。伊佐坂老師家就住在磯野家隔壁，裙帶菜跟鱈男像平常一樣玩耍時，忽然出現砰砰咚咚的怪聲，接著是異常尖銳的笑聲。裙帶菜不停地手舞足蹈，鱈男則是乾脆在地上打滾還邊嘿嘿嘿地笑到發狂。這時，在另一間房的伊佐坂老師說話了：

「老婆，有人打開非洛滂的蓋子還吃了哦！」這裡的非洛滂就是現代所說的毒品。日文發音是「解消疲勞」的省略語，在昭和時代初期被當成一般的補體滋養藥服用。

《海螺小姐》鱈男曾有過一個妹妹

一般觀眾很容易以為海螺小姐與鱒男先生只有鱈男一個孩子，但其實他們還有一個名叫「河豚田海星」的小孩，而且知道這件事的人居然並不多。

《海螺小姐》的原作者長谷川町子於1954年出版過《海螺小姐一家的未來藍圖》，而海星只在這本書裡登場過。本書內有個標題為「10年後的海螺小姐」專欄，描述年紀漸增的海螺小姐一家回到以前住的地方。其中有一幕清楚地描繪一個年幼的女孩站在一旁，鱒男先生正在跟她說話。

她的外表跟裙帶菜很相像，不過卻沒有在任何地方登場過，所以也不知道角色性格如何。另外，據說在《海螺小姐》要製作成電視動畫當時，也曾打算讓海星登場。

《海螺小姐》原作中的鱒男先生曾是個年邁的老人家

我們在第55頁介紹過《海螺小姐》中的鱒男先生，看起來運動神經很好，能夠很輕鬆地後空翻。這是指動畫裡的鱒男先生，事實上原作裡剛登場不久的鱒男先生，是個相當老邁的角色，知道這段歷史的讀者似乎不多呢！

鱒男先生是在漫畫第2集初次登場，當阿鰹跟裙帶菜在玩泥巴時，眼前出現了彎著腰、拄著手杖的鱒男，拿橘子給孩子們，說：「給你們好吃的東西。」當時的鱒男不只拄著手杖，還穿著日式浴衣，嘴角有很深的皺紋，是個跟動畫版年輕力壯的鱒男先生相當不同的老人。

而且這個鱒男先生居然會把橘子錯給其他的孩子，後來更被阿鰹罵「那是別家的小孩！」看來也是相當糊塗的。

《小天使》在小蓮為其高興之前，小芬已經站起來過了

1974年在日本播放的《小天使》，是宮崎駿與高畑勳年輕時完成的傑作。其中令人印象深刻的場景之一，應該就是第51集，坐著輪椅的少女小芬初次靠自己的雙腿走出一步，讓小蓮喜出望外地喊著：「小芬會走路了！」這一幕至今仍讓人津津樂道。

事實上，這卻不是小芬第一次站起來的場景。在第48集〈小小的願望〉裡的確出現過，小芬在山裡看到牛朝她而來，因為太害怕而反射性地站了起來。

但這並不是製作方的疏失。在這一段之後，更是加入了「其實小芬能走，但她自己沒察覺」這樣的鋪陳，算是後來銜接她走路的重要場面的一個大前提。只不過一般觀眾大多會以為小芬只有站起來過一次而已。

《小天使》小蓮的爺爺殺過人

名著動畫《小天使》的知名角色之一，就是小蓮的爺爺。

主角小蓮的爺爺在大約70歲左右跟小蓮開始一起生活。一開始不苟言笑且很難親近，在與小蓮相處之後逐漸重拾溫柔的本性，也感動了許多觀眾。

但是這位爺爺卻擁有頗為黑暗的過去。他年輕的時候相當叛逆，總是對身邊的人惡形惡狀，只會喝酒。

也因為如此，身為大農莊有錢少爺的他便離家出國旅行，交了壞朋友迷上賭博玩樂，也完全不工作。每天累積的債務越來越多，最後更失去了農場和家，以及所有財產。

這一切的壓力使得他的父母雙雙過世，他只好離開故鄉到拿波里去參軍，但他粗暴的性格仍一點都沒變。

某一天，他竟為了一點小爭執而殺了人，只好從軍隊裡逃走。隱姓埋名15年之後，

勉勉強強結了婚，妻子卻沒多久就病死了。最後就連兒子都因車禍先他而去。

一連串的不幸遭遇讓他變得厭世，最終拋下一切隱居在深山中。後來變得如此溫柔的老爺爺，原來曾有過一段艱辛的過去。

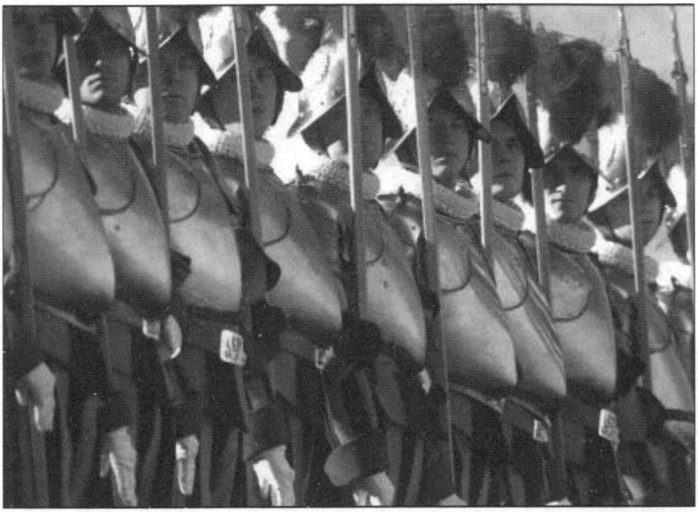

小蓮的爺爺曾經當過瑞士傭兵

《小超人帕門》初期一旦被發現真實身分，大腦就會遭到破壞

《小超人帕門》是一部描述平凡男孩穿上宇宙人送的變身套裝之後大顯身手的喜劇漫畫。1966年開始連載，前後共兩次製作成電視動畫，也是藤子・F・不二雄的代表作。然而各位知道嗎？目前市面上發行的《小超人帕門》漫畫版，跟早期的設定卻有些微妙的差異。

在目前設定裡，主角須羽光夫一旦暴露小超人帕門的真實身分，宇宙人鳥人就會剝奪他的超人資格，並將他變成動物以示懲罰。

然而在《小超人帕門》連載剛開始時，鳥人使用的卻是非常可怕的道具「腦細胞破壞槍」。根據作品裡的台詞，似乎是種「把腦袋攪成一團徹底破壞，讓人一輩子都變得糊裡糊塗」的懲罰。而且當時的「帕門」也稱為「超人」，後來因為跟美國的漫畫英雄撞名，才會改為「帕門」。

1983 年發售的初版《小超人帕門》

更改設定的原因則比較嚴肅，2003年漫畫再版時，考慮到社會觀感問題，才取消了「腦細胞破壞槍」設定，換成「變成動物」這樣的懲罰。但是這種懲罰其實也滿狠的就是了。

因此現在的漫畫裡，刪除了所有「讓腦袋變怪」的設定。導致部分頁面裡會出現故事不連貫的情況，甚至內容還會讓人看不太懂。

順帶一提，更早期的《小超人帕門》還更可怕，萬一暴露真實身分甚至會「被鳥人殺死」。對小學生施以這種處罰未免過重了。

《小超人帕門》的故事因表現方式過於激烈而遭封印

本書在第70頁曾介紹過，連載初期的《小超人帕門》有許多相當激烈的場面，導致後續加工修正已成家常便飯。

其中於1968年發表的〈讓人發狂〉，更因為整篇故事都被評斷為「過度激烈」，後來便沒有收錄進漫畫單行本。故事描述一個殺手使用塗了毒藥的吹箭，讓中箭的人發狂。因此無論是拳擊手、水手等各種職業的人，都因此陸續發瘋，是描繪上相當異色的作品。過度極端的發瘋畫面及對白造成問題，讓本篇有近三十年無法收錄進單行本裡。

後來在2010年，《藤子・F・不二雄大全集》終於決定要收錄〈讓人發狂〉，雖然有許多粉絲為此欣喜若狂，但收錄後有大半對白都遭到修改。

部分舉例如下：

「好像發瘋了」↓「發生什麼事了」

〈讓人發狂〉。拳擊手忽然亂叫喊的畫面令人不安

「帕門轉轉轉」↓「嘻嘻嘻」

「真是好多瘋子的一天啊」↓「這天怪怪的人好多啊」

這些例子，都是把表達方式不太好聽的部分做了變更，也讓懷舊的原作迷感到有些惋惜。

此外，《小超人帕門》還有不少被雪藏的故事，例如1960年代發表的〈尋找怪獸〉，帕門深入亞馬遜叢林而遭到食人族攻擊，因為畫面引發質疑，所以就從單行本裡刪除了。

《巨人之星》的星一徹在動畫裡死了兩次

《巨人之星》是日本1968年開始播放的超人氣動畫。主角星飛雄馬加入職棒讀賣巨人隊，與敵手花形滿及左門豐作等人對決，是一部熱血運動作品。

而對主角施以棒球英才教育的人，曾任巨人軍三壘手，也就是飛雄馬的父親——星一徹。他是至今仍會出現在日本電視廣告的知名角色，不過有件事鮮為人知，就是他曾死過兩次。

第一次是在1979年播放的動畫《新・巨人之星Ⅱ》中死去。最後一集裡，飛雄馬投出了一場完全比賽，精彩地帶領巨人軍奪下日本第一。同一時間，病榻上的一徹也在明子與伴宙太的陪伴下撒手人寰。

第二次死去的情節，則在2007年製作的動畫《巨人之星【特別篇】父一徹》。這部全新的作品於2007年4月起在日本電視台PLUS頻道播放，從星一徹的角度重

新述說《巨人之星》的故事。內容加入了一徹對飛雄馬幾近虐待的高強度特訓，以及背後的心理層面描述。

《巨人之星【特別篇】父 一徹》，一徹過世的一幕

問題就在結局部分，那是星飛雄馬達成完全比賽之後又過了十幾年。已經出國的飛雄馬短暫回國，來到獨居的一徹身邊。兩人像過去一樣開心地傳接球，隨後一徹就這麼站著過世了。

一徹的死來得如此突然，也難怪當年的觀眾在電視機前傻眼。

《小鬼Q太郎》有一部劇畫版描述了長大後的Q太郎

《小鬼Q太郎》也是藤子不二雄的代表作品之一，這部喜劇描述笨拙又貪吃的妖怪Q太郎，住在與他感情很好的正太家裡，與周遭許多角色打打鬧鬧過著每一天。

實際上，這部知名作品還有一部劇畫風格的作品，描繪了最後一集之後的世界。作品名稱是《劇畫Q太郎》，1973年刊載於《Big Comic》雜誌上，故事是從Q太郎回到鬼世界後15年開始說起。

25歲的正太已經習慣了上班族生活，這時跑來人類世界找工作的Q太郎出現在他面前。於是Q太郎便像以前一樣，開始跟正太及他妻子一起生活，過了一段幸福的時光。

可是有一天，Q太郎經過正太夫妻的寢室時，卻聽見妻子抱怨的話。

「喂，你想想辦法吧！他每餐都得吃20碗飯，如果是漫畫劇情還能笑笑就算了，但這是很嚴重的現實問題啊。小Q打算住到什麼時候？」

Q太郎聞言大受打擊，這才沉重地意識到正太已經不是個孩子。因此他什麼話都沒留下，悄悄地回到小鬼世界去了。整篇故事充斥著令人無奈哀傷的氛圍。

但話說回來，這篇作品與《小鬼Q太郎》正篇的設定不同，因此只能當成「外傳」來看。在那之後，《小鬼Q太郎》也只在1976年的《月刊少年Jump》刊載一回，便再也沒有任何新作問世了。

摘自《劇畫Q太郎》。就連線條都很劇畫風

《虎面人》最後被小貨車撞死了

1969年在日本電視台開播的《虎面人》，是深受兒童們喜愛的動畫。故事敘述一名在孤兒院長大的摔角手，對抗來自邪惡摔角手培育組織「虎之穴」的壞蛋。當年的人氣職業摔角手毀滅者（Richard John Beyer）、阿卜杜拉屠夫（Lawrence Robert Shreve）等都曾實名在作品中登場過，是掀起全日本熱潮的一部優秀作品。

動畫版《虎面人》的最後一集，主角與強敵歷經生死決鬥之後贏得勝利，終於順利消滅「虎之穴」組織。卻在最後一戰不慎暴露了面具下的真面目，只好不告而別，獨自搭機離開日本，令人不勝唏噓。

不過漫畫版《虎面人》的結局卻更為黑暗，當時也引起了一番熱議。最後一集的開始畫面是：由於「虎之穴」的活動逐漸消弭，主角便在思考下一次的奪位賽。主角一邊想事情一邊散步，這時忽然出現一台小貨車，直接把主角撞飛。

摘自《虎面人》原作漫畫。結局令人震驚

主角在逐漸失去意識的過程中，還不忘掏出口袋裡的老虎面具，扔進一旁的排水溝裡。於是，再也沒有人會知道虎面人的真實身分，主角就此與世長辭。

過於突如其來的悲劇，讓當年的讀者全都看傻了眼。後來在1981年要重新開始續篇故事《虎面人二世》時，所有讀者都非常期待他能夠復活，但漫畫第一頁就開宗明義表示：「第一代的伊達直人已意外身亡！」讓讀者再度啞口無言。

《8號超人》為何會被稱為受詛咒的作品？

1963年在《週刊少年雜誌》展開連載的《8號超人》，是部講述一名被改造成機器人的私立偵探，解決各種奇案的故事。儘管連動畫版都是超人氣名作，但因為實在遭逢太多厄運，有部分還被稱為「受詛咒的作品」。

具體的例子包括，連載開始兩年後，作畫的桑田次郎因非法持有槍械遭逮捕。由於事發突然，結果演變成必須由當時的漫畫助手代筆完成最終回。故事內容是8號超人的真實身分被秘書知曉，導致主角只得就此消失無蹤，是無奈又悲傷的結局。此外，就連動畫版播放結束後都還是發生事情。1976年，演唱該作品主題曲的歌手克美茂，在爭吵時殺害了情人，最終被判10年徒刑。《8號超人》的錄音歌曲因此作廢，當時重播動畫時也剪掉主題曲的部分（現在重播時已經恢復播放了）。

【第　二　章】

人氣作品篇

《神隱少女》的主題是八大行業

《神隱少女》是2001年上映的動畫電影。這部奇幻類作品描述一名平凡的女孩千尋誤闖入「神祕小鎮」，接著在湯屋工作直到回歸現實世界。雖然是曾摘下奧斯卡金像獎的傑出作品，但各位知道嗎？千尋工作的那間湯屋，以前曾是跟泡泡浴一樣的設施。

作品一開始，千尋便在神明們的浴場以「湯女」的身分工作，湯女其實指的是江戶時代的風塵女子，完全就是娼妓的代名詞。事實上導演宮崎駿也曾在電影雜誌專訪中，公開提及這個事實。

「要用什麼來描述現今世界最為適合呢？我認為是風化業。整個日本不就像是風化業一般的社會嗎？」

也就是說，導演將現實生活中少女被捲入現代社會的情景，用奇幻的手法呈現出來。

《魔女宅急便》的索娜小姐以前是不良少女

《魔女宅急便》是1989年上映的超級賣座動畫片。這部電影的內容是繼承魔女血統的十三歲少女，離開故鄉獨立成長的奇幻故事。

索娜小姐就是主角琪琪寄宿的麵包店老闆娘，個性親切熱情，是第一個敞開心房接納琪琪的重要角色。不過故事設定中，索娜小姐以前似乎是個爆走族[2]。當年製作電影時，工作人員裡就提出這樣的構想：「索娜有著符合年齡的穩重個性，但過去肯定也相當叛逆。說不定還當過爆走族？」而實際上也曾提案讓她在片尾騎機車登場。不過最後採用的片尾，是索娜生了小孩恢復身材後登場的畫面，爆走族的設定也取消了。只有在電影的介紹手冊中，個人檔案簡單寫著「年輕時也曾瘋狂叛逆過」。

2 泛指喜歡改裝機車、危險駕駛的不良青少年集團。

《風之谷》的巨神兵是日本製造

巨神兵在1984年上映的動畫名作《風之谷》中登場，是一種巨大且擁有人形的人工生命體。據說是在千年前的戰爭中毀滅人類文明，並將世界燃燒殆盡的終極兵器。

其中令人印象深刻的一幕是電影最高潮處，巨神兵被喚醒之後，用強大的光束掃射四周。擁有巨大眼球與獠牙的外貌，宛如自古就存在的怪物一般。而根據漫畫版《風之谷》的內容來看，巨神兵似乎是日本企業製造的工業產品。因為作品的某個場面中，可以看到巨神兵的牙上面刻著「東亞工場」的商標字樣。

儘管我們無從得知作者的想法究竟為何，但至少在《風之谷》中，世界滅亡的原因似乎就是日本企業呢！

《風之谷》的海外版改得太誇張

《風之谷》是於1984年上映的宮崎駿導演代表作。這部作品享譽全球，但在美國的版本卻做了很多修改，已經幾乎是另一部作品了。

首先，片名直接改為《風的戰士們》，腐海淨化作用等設定，以及娜烏西卡的過去全都刪除。這麼一來，原本116分鐘的片長就銳減成95分鐘。此外，登場人物的名字也都改掉，娜烏西卡變成「桑德拉公主」、王蟲變成「巨型蛇髮妖」。而且由於發行商是主打通俗娛樂電影的新世界影業，所以宣傳海報設計做得跟《星際大戰》雷同。正中央站著一個身分不明且拿著來福槍的男人，主角娜烏西卡只佔了背景一個小角落而已。這些改變全部都沒有經過原作方的許可，後來宮崎駿在朝日新聞的介紹專欄裡看到作品被擅改，震怒不已，便將發行錄影帶的版權移交給其他公司。

《霍爾的移動城堡》因為作者罹患怪病而誕生

《霍爾的移動城堡[3]》是2004年宮崎駿導演發表的長篇動畫電影。少女蘇菲受到女巫詛咒而變成90歲的老太婆，她結識了人人避而遠之，個性其實很怯懦的俊美魔法師霍爾，兩人逐漸彼此傾心，是一部奇幻風格的電影。

電影中對於移動城堡及荒野女巫的描述等都很值得欣賞，但令人印象深刻的還有在不同的場景中，蘇菲的外表年齡會在老太婆與少女之間不停轉換。

這樣的設定，其實源自於原作者黛安娜・韋恩・瓊斯（Diana Wynne Jones）罹患的「乳糖不耐症」，簡單來說就是牛奶過敏，但瓊斯的症狀嚴重到連醫生都束手無策，不但會增加皺紋、連髮色都會改變，到最後還只能拄著楞杖行動。根據英國《每日電訊報》對瓊斯訪談的內容，她形容自己「那陣子的模樣真的非常詭異」。

3　《霍爾的移動城堡》改編自英國奇幻小說教母安娜・韋恩・瓊斯的原著小說《魔幻城堡》（Howl's Moving Castle）

《天空之城》的拉普達是「娼婦」的意思

《天空之城》可說是吉卜力工作室最精彩的傑作之一。故事敘述在採礦城鎮工作的少年，陪伴少女一起拯救世界免於滅亡危機，作品至今仍在全球有非常高的人氣。然而，由於故事裡的空中城市「拉普達」在西班牙語中是指「娼婦」的意思，因此海外版片名都只使用《天空之城》。

原本拉普達的命名由來，是參考了強納森・史威特撰寫的《格列佛遊記》第三章裡的飛行島拉普達（Laputa）。小說裡解釋島名的意思是「地位最高的統治者」，但實際上是史威特以「娼婦」所做的反諷。根據宮崎駿的說法，當他在思考以天空之城為舞台的作品時，就想到了同樣出現過空中都市的《格列佛遊記》，便直接引用了「拉普達」之名。至少他應該不是明知道其背後有「娼婦」之意，還特意使用這個名字的。

《天空之城》的工作人員還製作過成人版本的動畫

前頁介紹的知名動畫《天空之城》，還有另一件令人意外的黑歷史。1988年，也是《天空之城》上映後兩年，吉卜力的工作人員操刀的成人動畫居然上市了。

這部作品名為《巴爾帝斯～蒂雅的光輝》。是知名成人片商「宇宙企劃」的原創影音產品，無論是角色設計或畫風都神似宮崎駿動畫。也因為如此，儘管這是一部限制級動畫，當年卻發生過不少起錄影帶出租店誤把它陳列在「兒童專區」的事件。

故事敘述女主角蒂雅被捲入巨大都市巴爾帝斯的叛亂事件，遭到城主摩洛克的囚禁凌辱。不只女主角設定相似，就連反派人物都是與《天空之城》的穆斯卡相像的仇敵登場。

另一方面，整部片長只有三十分鐘，因此故事進展飛快，因此以可看性來說並不太完整，頗為可惜。

《巴爾帝斯～蒂雅的光輝》。吉卜力畫風的煽情鏡頭接二連三出現

而根據井坂十藏所著《推薦宮崎駿。『宮崎駿動畫』完全攻略指南》內容所述，被發現協助製作這部作品的工作人員，後來遭到吉卜力工作室開除，可說是1980年代動畫史中最有代表性的黑歷史了。

那之後很長一段時間，都不容易找到這部作品的檔案，不過2015年片商居然決定再度出版DVD，現在想看很容易就能看到了。

讓《哆啦A夢》與《蠟筆小新》終止合作的廣告

人氣動畫肯定都會伴隨一些合作企劃。例如近來最有名的就是「名偵探柯南VS魯邦三世」，只要是由同一家電視公司製播，跨過作品界線讓知名角色同台也不是什麼新鮮事。

事實上，朝日電視台的人氣動畫《哆啦A夢》與《蠟筆小新》，以前也曾經很普遍地出過一些合作企劃，然而現在已經完全不見了。

造成這個情況的原因，就在1996年為了「哆啦A夢×蠟筆小新超合體合作SP」而製作的一部幾十秒的廣告。廣告內容就是小新打扮成大雄，把竹蜻蜓插在屁股上，大喊著「屁屁蜻蜓」。雖然很簡短卻激怒了《哆啦A夢》的製作方，從那之後到現在，雙方便再也沒有合作過任何作品了。看來應該是對於《蠟筆小新》下流玩笑的接受度不高。

不過，《蠟筆小新》後來還是很積極與其他作品合作，例如2003年就曾播放與《我們這一家》或《釣魚迷日記》共演的特別篇，也做了與《鼻毛真拳》的節目合作企劃，還讓小新在《美少女戰士》裡登場，多方面地接觸各種作品並合作演出。

而另一方面，《哆啦A夢》的合作僅止於《怪物小王子》、《忍者哈特利》這些藤子不二雄的作品而已，可見當時的宣傳廣告留下的傷害頗為嚴重。

《哆啦 A 夢 × 蠟筆小新超合體合作 SP》。就是這個畫面惹出問題

《蠟筆小新》下流玩笑開過頭而遭封印的不存在之回

《蠟筆小新》動畫是一部長年來都被視為「不想讓孩子們看的節目」第一名，理由多半是因為主角囂張的舉止和下流的笑話，而且動畫版更是遠不及原作漫畫的誇張程度。

本篇要介紹的都是曾在《漫畫 ACTION》刊載過，後來未被收錄進單行本的部分夢幻單元。例如小孩鑽過跨下讓女教師因快感而呻吟、幼稚園小朋友用黏土捏出天安門事件的戰車等，內容有諸多性或政治方面的挑釁元素。

《蠟筆小新》原本就是供成人閱讀的黑色幽默漫畫，並非畫來給兒童看的。因此早期諸如嗆辣的下流哏、戀人遭恐怖攻擊而死的悽慘故事等，都很自然地刊登出來。後來隨著作品製作成動畫之後，漫畫也開始增加長篇以及富人情味的故事。

《蠟筆小新》還存在著單行本看不到的其他大量單元，目前只能在日本國會圖書館借閱得到。

《蠟筆小新》。初期的蠟筆小新滿滿都是下流玩笑

順帶一提，近年《蠟筆小新》的動畫版也越來越多限制，例如以前固定會玩的搞笑哏「大象（直接露出小新下體）」、「屁屁星人（小新露出屁股搖來搖去）」、「美冴的鐵拳」等，都因為含下流或者暴力元素，電視台自我節制不再播出，這世道真是難熬啊！

《櫻桃小丸子》封印起來的故事太可怕了

人氣漫畫《櫻桃小丸子》是以昭和50年代（1975～1984之間）的靜岡縣為舞台，描述小學三年級學生的日常生活。這套漫畫第13集，本來應收錄一篇夢幻單元。

該回標題為〈小丸子思考夢境〉。是少女漫畫雜誌《緞帶》於95年2月號刊載的一回。故事一開始，是一群邪教徒聚集在洞窟裡，不停禱告著「神啊請賜我力量」。小丸子不知為何恰好在場，還被圍困住。

這時忽然一位王子現身救了小丸子，而邪教徒們則都是小丸子的同學，一旁則躺著小丸子朋友的屍體，屍體上更有一堆蒼蠅飛舞。整個畫面跟平常的《櫻桃小丸子》風格迥異，散發非常陰暗的氣息。

然而小丸子轉頭就忘了朋友的屍體，深深為俊美的王子著迷。此時穿著一身十二單和服的野口同學忽然冒出來，莫名其妙說了句：「這裡不是平安時代」。小丸子順著野

口同學的說法往外一看，發現外頭竟是美國百老匯的景象。

到最後，故事應該是想描繪小丸子的夢境，但發展成這樣的劇情確實讓讀者摸不著頭緒。當時似乎也在編輯部內引起爭議，畢竟氛圍跟往常的故事差異太大，因此按照作者本人的意思，就不收錄在單行本漫畫內了。

《櫻桃小丸子》。持續瀰漫著詭異氣氛的異色作品

《櫻桃小丸子》友藏爺爺的參考人物其實是個討厭鬼

人氣漫畫《櫻桃小丸子》裡登場的人物都很有特色，而且每一位都以真實人物當參考範本。例如小丸子一家就是以作者現實生活中的家人為範本，小玉跟豬太郎等同學，就是櫻桃子參考了小學時期同學的樣子。每個角色基本上都是忠實地以現實中人物來設計，但只有一個人例外，就是友藏爺爺。

無論是漫畫或動畫版的友藏，都是經常照顧小丸子的溫柔爺爺，但據說本人是個很惡劣又討人厭的人。

這是作者本人也寫過的實情，現實生活中的爺爺讓她厭惡到甚至在他過世時，自己看到爺爺的遺體竟然笑了。跟溺愛小丸子的友藏爺爺相較之下，簡直就是徹底相反的人。

《航海王》魯夫的名言其實是其他作品裡的台詞

熱門大作《航海王》的主角魯夫被認為曾說過一句名言，那就是「與其說討厭什麼，不如講出自己喜歡什麼吧！」這是在網路上很廣泛流傳的一句話，隨著討論度上升而更經常被引用。

實際上在2014年發售的PS3遊戲《Jump明星終極大亂鬥》裡，也選了這句當成魯夫的對白。然而說起來，《航海王》漫畫裡從來就沒出現過這句話。

這句台詞的出處，是2006年在《少年JUMP》連載的漫畫作品《異域漂流作家》。本來是主角在連載最終回所說的話，跟《航海王》一點關係都沒有。然而這部作品的畫風跟《航海王》非常相似，因此畫面放在網路上被誤解，更順勢流傳開來。

海外版的《航海王》限制嚴格到宛如另一部作品

《航海王》不僅在日本國內受歡迎，連在海外都有極高人氣。可是由於美國對於適合兒童觀賞的動畫有諸多限制，對《航海王》裡的暴力鏡頭做了大幅修改，讓整部作品

左頁是日本版與美國版《航海王》的比較圖，兩張顯然都做了令人吃驚的修改。

首先是最嚴格的規定，在暴力片段中不可以有流血或受傷的畫面。由於刺青也不行，所以全身布滿刺青的艾斯，整個角色就直接遭到刪除。

性感畫面同樣也不行，像是娜美或羅賓等巨乳角色，刪除胸前的線條是基本操作，而且還強制改成領口較高的衣服。

再來就連香菸都不可以，香吉士的紙捲菸全都改成棒棒糖。克洛克達爾的雪茄也被刪除，變成一個莫名其妙會從嘴裡吐出霧氣的神祕角色。

最神奇的一點，就是所有魯夫張大了嘴的畫面，都改成閉上嘴巴了。或許是為了避

免給人太粗鄙的印象，但也令人不由得同情起每一張畫面都要修正的技術人員。

海外版《航海王》。香吉士的香菸都改成棒棒糖

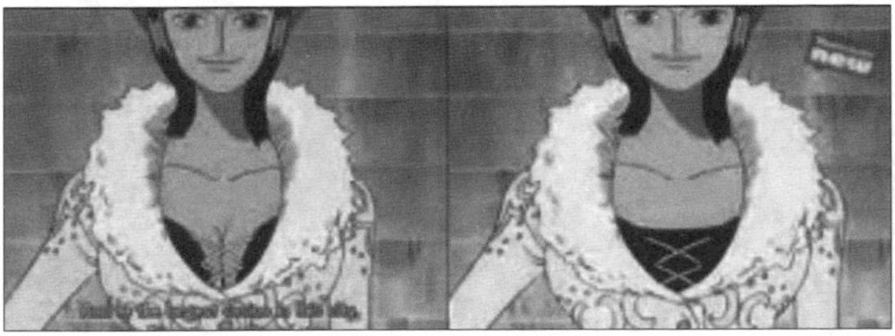

羅賓的胸前也做了修改

海外對日本動畫做出限制的例子並不在少數，其他如《哆啦A夢》的靜香洗澡鏡頭，全都用水蒸氣遮掉。《超能力魔美》的裸體也都穿上了泳裝。

《七龍珠》漫畫與動畫中比克大魔王的手指數量不同

超紅作品《七龍珠》裡面有個人氣角色，就是悟空的強敵比克大魔王，在連載初期曾讓悟空陷入苦戰。不過這個角色其實有個令人意外的隱藏設定，那就是在漫畫與動畫中，手指的數量是不一樣的。

具體而言，原作中的比克大魔王只有四根手指，而在動畫版中卻變成五根手指。這其實是動畫製作單位為了體恤天生缺手指的觀眾而進行的調整。像這樣的修改其實並不少見，例如高橋留美子的《人魚之森》裡，那些醜陋可怕的人魚原本設定為三根手指，但製作成動畫時就改成五根手指。美國開發的遊戲《惡靈勢力系列（Left 4 Dead）》，包裝封面上使用了只有四根手指的圖案，改成日本版便做了修正。以前的漫畫裡出現過許多手指少的角色，例如《Patalliro!》、《天才妙老爹》、《妖怪人間貝姆》等，都曾在1980年代引起爭議。

《七龍珠》裡死最多次的人是誰？

《七龍珠》裡有很多角色都死過。例如孫悟飯被普烏殺害，達爾分別被普烏跟弗力札各殺死過一次。主角孫悟空也在拉帝茲、賽魯手中死過兩次。無論再重要的角色都死過幾次，這就是《七龍珠》的厲害之處。

其中死最多次的人，就是悟空的盟友——克林。

他先是被比克大魔王的手下丹巴利殺害，接著被弗力札的念力炸死。後來在原作後半部被普烏變成巧克力吃掉，之後又在動畫版的《七龍珠GT》裡遭到人造人超級17號殺死。只能說不愧是克林，竟然有辦法被殺四次。

此外，在《七龍珠》故事裡，因為地球曾經滅亡過一次，因此大半人類其實也都死亡過。當時只有一個人倖存，那就是我們將會在第104頁介紹的撒旦先生。

《七龍珠》印尼曾出版過夢幻的《七龍珠》第43集

1995年，《七龍珠》在《週刊少年JUMP》的連載完結。孫悟空與強敵——魔人普烏經過激烈戰鬥獲勝之後，與達爾等人再回去參加天下第一武道大會，這便是故事的大結局。後來製作成漫畫單行本，第42集就是最後一集。

不過各位可能不知道，其實在印尼卻存在著夢幻的《七龍珠》第43集。

想當然爾，那不是鳥山明所畫的正版，而是印尼漫畫家擅自描繪了《七龍珠》最後一集之後的故事，還發行販售。

故事內容是孫悟空與烏普等人搭乘時光機器回到過去，拯救兒時的克林與達爾，因此成人達爾與幼年達爾開戰，還出現了小克林，故事就這樣莫名其妙地不斷發展下去。

然而正如各位在本頁所見，不僅作者畫功很差，而且大量出現與《七龍珠》無關的角色，導致讀者惡評不斷。後來當然沒再畫下去，只出版這一本就沒下文了。目前就算

在印尼似乎也很難買到。

《DRAGON BALL 第 43 集》。畫功真的差太多了

印尼的海盜版會如此猖獗，是因為該國從九〇年代至今掀起了空前的日本動漫風潮。除了《七龍珠》之外，還有《哆啦A夢》、《小甜甜》等。就連《人小鬼大》、《西瓜皮先生》這類描繪日本文化的四格漫畫都擁有極高人氣，讓人覺得不可思議。

《七龍珠》撒旦先生的戰鬥力比鮑伯・薩普還低

《七龍珠》裡有位登場的角色名叫撒旦先生，在整套作品接近尾聲時相當活躍，但不同於悟空或達爾，是個普通人類。於故事裡扮演搞笑的角色，就連原作粉絲們都覺得他是「讓人討厭不起來的人」，擁有很高的人氣。

由於他只是個普通人，在《七龍珠》裡的戰鬥力較低，但另一方面，他卻是世界格鬥冠軍，更曾拿下第24屆天下第一武道會的優勝。如此耀眼的戰績，很容易讓人以為他在人類裡算是戰鬥力相當高的。

然而，在2004年發售的《七龍珠完全版官方手冊》一書的訪談裡，作者鳥山明便說：「（撒旦的實力）還沒有鮑伯・薩普（Bob Sapp）那麼強。」結果使得許多相信撒旦很強的粉絲們都紛紛失望地表示「才那樣啊……」。但與其他角色相較之下，的確只有撒旦的戰鬥力設定是比較真實的。

《七龍珠》的書背有個角色出現了兩次

只要把漫畫版《七龍珠》所有單行本依序排列在一起，就會發現書背可以拼出一張完整的畫。雖然所有角色理當只會在書背上出現一次，卻只有彌次郎兵衛在第18集跟第26集都有出現，這也引起當時書迷們的揣測，認為「這一定隱藏了什麼祕密線索」。

但其實這似乎單純只是作者的疏忽，收到讀者的意見之後，鳥山明馬上在第29集「作者的話」裡道歉，原因竟是「不知為何彌次郎兵衛的存在感很薄弱，我經常忘記讓他登場」。由於是太讓人注意不到的角色，結果反而造成他意外登場了兩次。

關於這套漫畫的書籍有太多未解之謎，例如為何人氣角色中的天津飯或特南克斯連一次都沒出現過，真是非常不可思議的安排。

《七龍珠》片尾曲裡的神祕咒語有何意義？

1986年開始播放的《七龍珠Z》，是一部在全球40個國家都大受歡迎的動畫。這部動畫的片尾曲《出來吧，無敵ZENKAI之力！》，開頭有一段聽起來很像神祕咒語的聲音。

這段聲音怎麼都聽不清楚，也不確定到底是劇中對白或是隨意哼唱。由於太過奇妙，當時還被認為可能有什麼深意，直到2010年謎底才終於揭曉。

這首歌的作曲人池毅先生，在自己的部落格上寫道：

「在主唱Manna小姐可愛又迷人的歌聲中，我們順利完成了演唱部分的錄製。她回去之後，我一個人要負責合音、人聲（吶喊）等多重錄音，當時我忽然想在前奏或間奏裡加入意義不明的話語，讓整首曲子變得更有趣。」

「我記得曾聽說過電影《星際大戰》酒店畫面裡，外星話其實是將少數民族語言倒轉播放，再將這些聲音加工之後搭上畫面。我就跟著使用這種手法了。」

「知道怎麼做的觀眾，不妨把前奏部分跟間奏部分倒轉播放看看。我想應該可以聽出很多人的名字哦。」

原來這段神祕咒語，是把人聲倒轉之後播放的結果。

我們試著將這部分再倒轉播放看看吧：

「啊——，這首歌參與的有

鈴木KENJI、池毅、TOKIEGU TATSUHIRO、UHIDA TAKASHI、YAMAMO KENNJI YANAGIHAENA？NOMURATAKASHI

大家一起努力了唷」

播放出來的內容確實是這樣。聲音之謎經過了22年終於解開，也讓許多七龍珠迷感到非常驚奇。

《七龍珠》賽魯能夠變化型態是因為一開始被編輯看不起

賽魯是《七龍珠》裡的強大反派，擁有三種型態，會吸收其他人造人而進化，一開始的外形很像甲蟲，第二形態就會變得比較接近人類，最終則會變化成外表相當帥的人。

然而在劇情構思階段，本來是沒有賽魯這個角色的。作者鳥山明打算讓人造人19號和20號當最終強敵，可是當時的編輯卻認為「角色太弱」，所以才緊急創造出賽魯的第一形態。據說鳥山明非常滿意第一形態，所以當時並沒有打算讓他變形。

然而編輯又再度否決這個設計，認為「太醜了」。作者只好無奈地創造第二形態，編輯這次又說：「臉看起來很蠢。」正因如此，最後才打造出帥哥賽魯，編輯那邊也總算過關了。

《七龍珠》悟空從不曾在漫畫中說過「嗨！我是悟空」

提到《七龍珠》的孫悟空，就會想到「嗨！我是悟空（オッス！オラ悟空！）」這句名台詞。

儘管這句台詞已經家喻戶曉，但這其實是在動畫的下集預告時，負責替悟空配音的聲優野澤雅子所做的即興發揮，無論在動畫本篇或原著漫畫中都沒出現過。

但這句即興台詞真的太令人印象深刻，後來就成為每次預告的開場白，如此持續播放了十三年。就連1993年發售的遊戲《七龍珠Z超武鬥傳》，也設計成遊戲一啟動就會出現大聲的「嗨！我是悟空」的語音。後來也被很多作品模仿或引用，不知不覺就成了一般人對悟空的既定印象了。話說回來，悟空在動畫裡實際使用的自我介紹是「我是悟空，孫悟空！」、「你好，我是孫悟空！」出乎意料地相當有禮貌呢！

《魯邦三世》
魯邦三世原本在設定上並非怪盜魯邦之孫

1971年，《魯邦三世》在日本電視台開始播放，主角是那位怪盜亞森・魯邦（或譯亞森・羅蘋）的孫子，但這個設定在固定下來之前，其實有一段相當迂迴曲折的過程。其實原作者Monkey Punch在發表漫畫版時，故事中的魯邦三世並不是亞森・魯邦的孫子。設定上是因為其竊盜手段太高超，因此世人皆稱他為「魯邦三世」。可是責任編輯聽了之後就直接駁回，要作者「不要做這麼複雜的設定」。最後才決定用讓讀者較好理解的「亞森・魯邦之孫」的設定。

不過法國版《魯邦三世》為了避開與《亞森・羅蘋》系列的著作權爭議，將主角名字改為「埃德加」。就連漫畫名也變成《小偷偵探埃德加（Edgar de la Cambriole）》了。

《魯邦三世》魯邦三世的真面目至今仍不得而知

提到人氣動畫《魯邦三世》主角的長相，長臉、戽斗下巴、短髮是最鮮明的形象。不過這個家喻戶曉的外表，其實是變裝之後的樣子，他的真面目至今沒有任何人知道。這是在原作版的《魯邦三世．新冒險》、《新魯邦三世》裡出現的設定，平常的面貌其實是變裝，所以連真實性別也不名，就連聲音都是偽裝的。據說是作者Monkey Punch的決定，理由是「連載持續時間太長，當畫風改變時便是很方便的理由」。

說起來，原本動畫版的《魯邦三世》，在長相設定方面就經常在變。第一系列第16集的開頭，錢形警部還認為魯邦「容貌端正」，但到了第二系列第67集，魯邦卻說自己「天生就是猴模猴樣」。

《魯邦三世》魯邦三世戴著假髮，他其實是個光頭

魯邦三世的外表形象，就是瘦長的臉、戽斗下巴，以及短髮但鬢角很長。不過各位知道嗎？魯邦三世的頭髮其實是頂假髮，他本人則頂著一顆大光頭哦！

這一幕決定性的畫面，就出現在１９８５年上映的電影版《魯邦三世 巴比倫的黃金傳說》裡。

大約在電影的中間段落，魯邦與不二子被敵人扔到水裡，本以為他們會溺水，這時只見魯邦忽然摘下頭髮，從裡面拿出小型氧氣瓶。而且似乎連不二子都不曉得魯邦是個光頭，在魯邦身後露出目瞪口呆的表情。

不過，能見到魯邦光頭的場面也就僅此作品。在這之後無論是電影或電視動畫，都沒有再描繪過他拿下假髮的樣子，所以也被視為僅限於該作品的設定。

本作是由《陽炎座》、《夢二》等超現實作品的知名導演鈴木清順所執導。所以那幕光頭場面，恐怕也是導演的小小玩笑。

《巴比倫的黃金傳說》。魯邦拿掉假髮的衝擊鏡頭

話說回來，在原作版《魯邦三世》的設定上，魯邦平日的容貌就已經是變裝後的狀態，沒有人知道他的真面目（請參考第111頁）。這麼說來，就連這個光頭版本的魯邦，應該也不是他原本的樣子吧……

《魯邦三世》魯邦三世中了錢形的陷阱爆炸而死

1967年在《漫畫ACTION》開始連載的《魯邦三世》，描述怪盜魯邦（魯邦一世）的孫子魯邦三世活躍之姿，是一部超現實且無厘頭的動作作品。與動畫版不太相同，漫畫版魯邦不太愛開玩笑，神祕的故事發展經常出乎讀者意料，因此有很高的人氣。而說到《魯邦三世》系列，魯邦家族與錢形警部之間展開的永無止盡的追逐戰，更是這部作品的魅力之一。而關於這部分，其實漫畫過去曾明確描繪過最終回大結局。

那就是1977年連載的《新魯邦三世》第189話〈完結篇〉。魯邦三世聽聞稀世珍寶的下落，偷偷潛入海上孤島，但該處竟是錢形警部打造的假島。

島上許多岩石裡都埋了炸藥，讓整座島隨時都有可能爆炸。若按照平常的發展，魯邦都能靠著機智來解決，但不知為何這次竟然早早就放棄逃走，還喃喃說著：「我們已經是死囚了。」

過沒多久，就連出口都被堵住，魯邦等人已經完全遭到監禁。錢形警部從船上確認這點之後，緩緩地按下引爆按鈕，將整座島連同魯邦、次元、五右衛門、不二子四人一起炸掉。

《魯邦三世》。無路可逃的魯邦已經有一死的覺悟

結局雖來得突然，但根據當時故事後的加筆漫畫來看，作者Monkey Punch已經厭倦了《魯邦三世》的作畫，也在這樣的心情下，創作了這篇令人驚愕的最終回。

《魯邦三世》魯邦與不二子生了一個兒子

說到魯邦三世與峰不二子，一般都認為他們之間的關係總是若即若離。但各位知道嗎，其實他們兩人有個孩子。

相關作品的標題很直白，就是《魯邦小鬼》，於1975年起在《週刊少年ACTION》刊載。故事敘述魯邦三世與不二子的兒子——又名「魯邦小鬼」，為了成為超越父親的大盜而踏上旅程。而夏洛克・福爾摩斯的兒子則取代了錢形，以警官的身分登場。

然而他並非魯邦三世認可的繼承人，次元或五右衛門等重要角色也都沒登場，因此作品給人的印象非常薄弱。後來本作品便伴隨著《週刊少年ACTION》的休刊，在第18回就劃下句點。結果作品終究沒有交代魯邦小鬼到底有沒有受到父親認同，也不知他是否成為魯邦四世了。

《魯邦三世》魯邦三世的子孫一直延續到八世

本書在116頁介紹過，魯邦三世與峰不二子之間有個兒子。實際上魯邦三世的血脈在其後也沒有斷絕，可以確定的是竟然已經綿延到八世了。

這件事是根據一部1982年專為兒童企劃的動畫。當時是東京電影新社與法國方面的合作，但製作到一半就因為諸多原因而停止播放計畫，是一部夢幻作品。

故事的設定是科幻類，舞台為22世紀的未來世界，魯邦的子孫在宇宙活躍登場。連次元、五右衛門、不二子、錢形等人的後代都會登場。角色的外貌也和魯邦三世裡的人物們如出一轍。

於是作品乍看之下幾乎會以為是《魯邦三世》的科幻版，但由於預計要在倫理規定嚴格的法國播出，便在設定上做了大幅更動，魯邦的職業從大竊賊變成正義偵探，次元嘴裡叼的菸也變成棒棒糖了。

《魯邦三世》初期的魯邦三世長得很像五右衛門

超人氣角色「魯邦三世」的外貌可說是家喻戶曉，有大家熟悉的長手長腳、小平頭，以及長長的鬢角。不過作者 Monkey Punch 一開始設計的魯邦三世，外表與現在卻大不相同。

左頁上方的圖片，就是作者在連載開始前構思的魯邦三世輪廓。同樣穿著西裝打領帶，不過長髮造型很像五右衛門。

接著左頁下圖則是初期設定的次元大介。唯一跟現在相同的就只有帽子，其他則與現在的魯邦三世一模一樣。

然而當時發生了意料之外的情況，使得作者不得不改變設計。Monkey Punch 在後來的訪談中這麼回答：「魯邦三世原本的確是長髮造型，但因為畫起來太麻煩才改成短髮。是我忘記截稿日，時間不夠了，長髮畫起來太花時間會來不及。」

換句話說就是嫌麻煩才更改角色設定。

原本的魯邦三世

初期的次元大介跟現在的魯邦長得很像

但這麼一來，小平頭的角色就會有魯邦三世跟次元兩個人，這樣會難以分辨。所以才將設計更改為現在我們看到的次元大介。

魯邦三世除了五右衛門及次元之外還有十萬名夥伴

人氣動畫《魯邦三世》的主角夥伴，一般似乎都認為只有次元和五右衛門。但實際上，魯邦擁有一個名為「魯邦集團」的大型地下組織，在全球擁有超過十萬名部下。這些成員大部分都沒有名字，在作品中也幾乎沒登場過，不過在動畫初期系列作品中，多多少少都能看到他們的身影。最具代表性的成員，則是神鎚岩鐵、風之三太夫。岩鐵隸屬於地下組織九州分部，是能將鎚子運用自如的力量型角色。三太夫則隸屬四國分部，跟五右衛門一樣是擅長使日本刀的高手。

雖然兩位都是很有特色的角色，但在本篇也僅登場過兩次。其他還描繪過的只有以G、K等以字母當代號的成員，以及在第22集裡一口氣登場的1967名部下。

《魯邦三世》有一幕詛咒的過場

1971年起開始放映的《魯邦三世》動畫，每集中間的喜劇過場更是家喻戶曉。那一幕是魯邦三世動作飛快地跳上車，卻拉壞方向盤，所以順勢從車子另一邊摔到路上，讓人印象深刻。

這個過場通常都會由聲優山田康雄搭配一句傻氣的「咦？」但曾經有一次，魯邦的配音變成詛咒版本。那就是動畫系列第二部的第7集〈圖坦卡門三千年的詛咒〉，內容敘述魯邦在偷了圖坦卡門的面具之後遭到詛咒，這之後的過場影片，就在魯邦摔到地上的時候，配的並不是平常的搞笑詞，而是喊了聲「作祟啦～」的詛咒對白。

當時似乎是聲優受到1970年代大流行的金田一耕助系列《八墓村》的影響，在當下的即興演出。

《北斗神拳》的死兆星是實際存在的

《北斗神拳》是一部以核子戰爭之後的世界為舞台，描繪「北斗神拳」繼承人拳四郎奮鬥史的超級熱門作品。

本作中提及的死兆星，是一顆平常看不見的恆星之名，但只要死期將近的人就會看到它，因此這個設定也給讀者不太愉快的印象。

儘管聽起來像是虛構的設定，但死兆星是實際存在的星球。位置就在杓子狀的北斗七星中，杓柄端數過來第二顆星（開陽星 Mizar）的旁邊。正式名稱為「開陽增一（Alcor）」，在古代阿拉伯、希臘、羅馬都有的傳說則是：「只要看不到這顆星就會死。」與《北斗神拳》書中的說法恰好相反。事實上，開陽增一是一顆明亮度會不定期變化的特殊伴星，只要老化或是視力不佳，忽然就看不到的人其實也不在少數。所以才會產生星星的消失與人類壽命有關的迷信說法。

《北斗神拳》拳四郎最喜歡的食物是牛肉咖哩

《北斗神拳》的主角拳四郎給人很強烈的寡言硬派印象。作品裡並沒有他吃飯之類的畫面，看起來似乎對食物沒有特別講究，但據說他非常喜歡吃牛肉咖哩。

這是2006年播放的電視節目《小知識之泉》所提供的小單元中，由作者本人自己公布的。雖然作者沒有說他喜歡牛肉咖哩的原因，但就目前為止應該可以視為最新的官方設定。

原本在1986年發行的雜誌《北斗神拳特別版》裡，官方設定是「世紀末並非闡述自己好惡的時候，所以沒有特別喜歡之物」。此外有一段時期，原作與漫畫之間的意見似乎也出現分歧，原作者武論尊說是「蘋果」，作畫的原哲夫則回答「棉花糖」。

《北斗神拳》韓國電影版的品質相當驚人

1993年製作的《北斗神拳》，其實是韓國電視台未經許可製作的影視動畫。這部作品的重點，就在於完全沒理會原著形象的選角了。

首先是演拳四郎的演員，怎麼看都是個普通大叔，雖然有點肌肉，但六塊腹肌的線條完全沒出來。而且不知道為什麼，在這部作品裡只有拳四郎一直被稱為「阿彪（Lyger）」。如果連主角的名字都改掉，那也可以說這是與《北斗神拳》無關的另一部作品了。

此外，主角的情人尤莉亞也是個平凡的中年女子，看上去毫不起眼。讓人不明白男人們爭搶女主角的理由何在。

更可怕的是宿敵登場的鏡頭，竟然是一名看上去約六十歲的阿伯。頭上戴著音樂家巴哈般的白假髮，角色扮演的感覺非常強烈。

《北斗神拳》。廉價的煙火特效

其中最豪邁的應該就是北斗神拳裡最強角色拉歐了。原作裡的拉歐是個身高數尺的巨漢，但本作品找了瘦小的中年男子來演。脫下衣服之後還能看到明顯的排骨，絲毫不見拉歐的剽悍之處。

劇情的推展也非常讓人驚駭。到半途都還能忠實呈現原著，但最後之戰時，拳四郎被拉歐一踹倒地，之後就這樣生死不明地進入片尾字幕了。

莫名其妙的發展，據說也招來當時韓國觀眾的嚴重抗議。

《城市獵人》的動畫裡穿插宗教的潛意識訊息

《城市獵人》是1980年代起在《週刊少年JUMP》長期連載的硬派喜劇漫畫，描述神槍手男主角在東京新宿區從事偵探工作並活躍辦案的故事。

這部動畫系列的第三季，因為穿插了潛意識訊息圖片而引起全國嘩然。該圖片是奧姆真理教的教主松本智津夫的照片，他因犯下松本沙林毒氣事件及東京地鐵沙林毒氣事件，被判處死刑並已伏法。潛意識訊息（閾下刺激）是指在影片中插入一張或數張毫無相關的圖片，但播出時間極短使得肉眼知覺無法意識到。由於這方法有可能影響、煽動人心，日本民間放送聯盟在1999年便宣布禁止在任何影片中使用潛意識訊息。

引起爭議的是1989年12月24日播放的《城市獵人3》第11集，在主角冴羽獠打倒壞人的場面中，以肉眼無法意識到的短秒數插入一張松本的照片。

當年播放時並沒有造成問題，但後來由於1995年發生了東京地鐵沙林毒氣事件，這段影像就被挖出來。情況甚至演變到當時媒體同聲譴責日本電視台。

《城市獵人》。松本的照片以肉眼幾乎無法辨識的秒數放在影片內

不過這件事並非製作單位裡有人是其教徒所導致，僅僅只是工作人員的惡作劇而已。當年的各動畫裡，製作單位因為好玩插入瞬時圖片的情況很普遍，其中有大半都是為了服務粉絲而做。

該問題片段在潛意識訊息被發現時，立刻遭到刪除，現在市面上販售的 DVD 裡已經看不到了。

成龍演過真人版的《城市獵人》

1993年上映的電影《城市獵人》，是將《週刊少年JUMP》連載的同名漫畫製成電影，而且由成龍主演的震撼作品。主角是能力高超的私人偵探冴羽獠，為了尋找失蹤的企業社長千金而前往香港，卻很不走運地遭遇恐怖攻擊。上述劇情大綱看起來很像漫畫原著的內容，但電影本身就是成龍風格的電影。主角幾乎沒使用過招牌的柯爾特蟒蛇槍，冴羽獠不斷展現拳腳功夫，用拐棍打倒敵人，是每個鏡頭都無關城市獵人風格的動作片。

電影中最驚人的部分，就屬劇情進展到一半時，成龍忽然變身為人氣電玩《超級街頭霸王II》角色的場景了。成龍打扮成春麗，忠實地重現遊戲裡面的招式。由於這部電影太過無厘頭，招來《城市獵人》書迷的猛烈負評。連帶對成龍的批評聲浪也變多了。

《超人力霸王》奧特父母的親生兒子只有太郎一人

《超人力霸王系列》（Ultraman Series）是日本最具代表性的人氣特攝節目，在故事中登場的「奧特兄弟」有許多成員，包括奧特曼（超人力霸王）、七號、太郎等，但其實他們並非親生兄弟。

到目前為止被稱為奧特兄弟的人共有11名，包括佐菲、太郎、雷歐等。但其中由奧特父母所生下的，就只有超人力霸王太郎而已。至於太郎的弟弟衛司，設定上是奧特之父收養的孤兒。

此外如七號和佐菲，都各自有其父母，跟太郎是表兄弟關係。而超人力霸王傑克更是與奧特之母的妹妹結婚，所以他們彼此之間的近親關係有些複雜。總之由奧特父母所生的孩子就只有太郎一人。換句話說，一般通稱為「奧特兄弟」的這群人，用「奧特一族」或「奧特家族」來稱呼會比較貼切。

《超人力霸王》
過去曾出現酒精中毒的超人力霸王

上一篇介紹了奧特曼家族的複雜家庭環境，本篇要來介紹的是，曾有超人力霸王從英雄的寶座上殞落。

惹出問題的那位超人力霸王，是在1979年《KoroKoro Comics》連載的〈奧特兄弟物語〉中登場。這篇原創故事敘述奧特兄弟們在成為戰士之前的故事，以及為了守護銀河系而戰的過程。

時代設定回到宇宙警備隊尚未結成之時，M78星雲遭到暗黑勢力攻擊，面臨毀滅的危機，為了拯救這一切，奧特之父召集了超人力霸王奧特曼、七號、衛司等族人。然而在前來的途中，有個新超人力霸王不小心害死了小孩，從此鎮日酗酒。即使同伴看不下去而勸他，他也聽不進去，他自暴自棄喊著「反正我就是沒救的奧特族人！」這一幕，似乎帶給當時的孩子們很大的打擊。

《超人力霸王》曾出現過極為殘酷的系列作品

《超人力霸王太郎》在超人力霸王系列裡也是數一數二的人氣作品，有許多以寓言或童話為題材來發展的劇情，很容易產生親近感，也以此聞名。

但另一方面，刊登在《週刊少年SUNDAY》的漫畫版《超人力霸王太郎》，卻也是出了名的殘酷畫面太多。作者是知名漫畫家石川賢，曾畫過《魔獸戰線》、《極道兵器》等傑出的暴力動作漫畫。這部則一開卷就是野狗互相廝殺啃咬的畫面，為整部漫畫瀰漫著不安定氣息的怪作。

故事敘述主角發生意外快死的時候，奧特之母使用力量讓他以太郎的身分復活。復活之後面對怪獸作戰，還將怪獸從嘴巴撕成兩半殺害。當時敵人對他說：「你和我一樣，都是怪物。」這句話使得主角在戰鬥結束後，仍不停懊惱地說著：「我才不是怪物……我是守護地球的人。」真是太黑暗了。

《格鬥金肉人》初期金肉人的臉是綠色的

《格鬥金肉人》是1979年在《週刊少年JUMP》開始連載的漫畫，這部摔角格鬥類作品，是描述超人「金肉人」與正義超人同伴們一起在擂臺上打倒強敵的故事。主角是金肉人，跟超人力霸王一樣戴著有頭冠的肉色面具，是正義超人之一。不過讀者可能不知道，連載開始後，金肉人的面罩有一段時間是詭異的綠色。

左頁的圖片是1979年發售的《少年JUMP》No.22及No.29的封面。兩者都是以剛連載沒多久的《格鬥金肉人》為封面，不知為何只有臉的顏色是詭異的綠色，就連嘴唇也莫名塗成檸檬黃。

確實如此，《格鬥金肉人》漫畫與動畫版的人物上色差異很大，這是原本就很有名的事。可是連主角臉部的顏色都可以差這麼多，實在是太不尋常了。

但其實這也不是因為當時金肉人的設定為綠色，據說單純只是手稿弄錯而已。

當年的金肉人顏色相當怪異

連載初期，作者蚵仔煎只不過是高中剛畢業的菜鳥，因此編輯部認定忽然把封面上色的工作交給他可能不妥，才會委託其他插畫家來負責封面繪製。

當時作者與編輯部之間並沒有充分溝通設定上的細節，於是插畫家才靠著想像力把金肉人的臉塗綠，真是驚人的失誤啊！

《格鬥金肉人》

水牛人其實戴著假髮

水牛人是在《格鬥金肉人》裡登場的知名角色之一。最早是以殘酷的惡魔超人身分登場，後來在與金肉人戰鬥的過程中，內心的正義感甦醒，後來成為使用怪力戰鬥的人氣角色。

他的造型除了必備的魁梧體格之外，還有很尖的牛角，而茂密捲曲的捲髮更令人印象深刻。角色設計如此傑出也是其受歡迎的原因之一。

不過漫畫版《格鬥金肉人》第81話〈水牛人叛變！之卷〉發生過不得了的事。

在前一場戰鬥喪失性命的水牛人，靠著奇蹟力量復活。就在他宣布要痛改前非成為正義超人的畫面中，他忽然摘下他自豪的黑髮，露出一顆大光頭。

據說作者是打算讓他用光頭造型表現出悔改的心意，可惜讀者的評價非常糟糕，光頭版水牛人真的太過難看，大量抗議信件湧入編輯部。因此水牛人的光頭設定就此打

住，自那時起無論面臨多激烈的打鬥，他的假髮都不會掉。

而動畫版則直接剪掉這一幕，水牛人只用台詞來說明自己加入正義超人的行列。看來光頭的負評真的很嚴重。

此外，水牛人在續篇漫畫《格鬥金肉人II世》登場時，換了一頭柔順飄逸的直髮，但粉絲們似乎也不太買帳。

《格鬥金肉人》第 81 話。讓粉絲大受打擊的畫面

《格鬥金肉人》初期的泰利人是個邪惡的反派角色

金肉人的好朋友泰利人，是來自美國的正義超人，誠實且附有自我犧牲的精神，是個熱血的資優生角色。

他最有名的事蹟應該就是拋下與敵人的勝負之爭，拯救了差點被電車撞死的小狗。這個足以證明他溫柔個性的場面，至今仍讓人津津樂道。

不過最初登場的泰利人，卻跟現在判若兩人。漫畫第一集〈從美國來的男人之卷〉裡，孩子們來拜託他擊退怪獸時，他居然要求報酬，說道：「你們應該有帶錢來吧？」當小朋友乖乖地拿出自己的積蓄時，他更說：「哈哈哈哈！小子，不可以耍弄大人哦！」展現得非常邪惡無情。跟後來的泰利人個性實在相差太多。

《機動戰士鋼彈》的說話聲音出乎意料的很可愛

自1979年開始播映的動畫《機動戰士鋼彈》，是描繪使用名為機動戰士的機器人進行戰爭的傑出作品。由於人類之間的糾葛是主軸，因此鋼彈本身並沒有必殺招式或是人工智慧。整個鋼彈系列裡登場的機器人，基本上都不會說話。

然而過去曾經有一次，鋼彈用了很可愛的聲音說話了。

在電視動畫系列第一部的第18集〈灼熱的阿扎姆導線〉裡，被特殊武器抓到的鋼彈遭到攝氏四千度高溫的焚燒，這時鋼彈的電腦忽然就說話了。「為保護駕駛員及迴路，目前正在釋放98%的能源」、「攻擊能源減弱」。端看文字會覺得這內容很正常，但聲音聽起來就像嬰兒般非常可愛，怎麼聽怎麼不對勁。自那之後，鋼彈就再也沒說過話了。

《機動戰士Z鋼彈》的主角最後發狂了

《機動戰士Z鋼彈》是1985年所播放的《機動戰士鋼彈》的正式續作。故事敘述住在太空殖民地的主角卡密兒．維丹駕駛鋼彈Mk-II，投入激烈的戰爭中。

這部作品的故事內容相當硬派，包含了各勢力的同盟與決裂，暗殺指導人等劇情，到了最後一集更造成極大議論。

主角千辛萬苦終於打敗了宿敵——劇情到這裡還沒什麼問題，但由於累積下來的壓力，讓主角終於精神崩潰。他會大喊著無關緊要的話，如：「好大的星星，一閃一滅的耶！」故事結局就是他嚷著「好熱哦！讓我到外面去」，接著就想直接跑進太空裡。在當時並沒有其他動畫出現過讓主角精神失常的安排，因此這一段讓許多觀眾深受打擊。

此外，在本作品的續篇《機動戰士鋼彈ZZ》裡，卡密兒也是在精神發病的狀態下登場。看到他連話都沒辦法好好說的樣子，再度讓觀眾們震驚不已。

不過在2005年上映的電影版《機動戰士Z鋼彈——星之繼承者》劇情則有了

《機動戰士Ｚ鋼彈》最後一集。精神崩潰的主角打算跑到太空裡

大幅轉變，最後主角並沒有發狂，平安地回到故鄉。

當時這個結局在粉絲之間毀譽參半，過了這麼多年之後，評價反而越來越高，現在已經成為年輕的鋼彈迷在鋼彈系列中一定要看的一部了。

《麵包超人》
初代麵包超人是個身穿披風的中年大叔

「麵包超人」是由漫畫家柳瀨嵩創作出來的超人氣動漫人物。也是一部家喻戶曉的人氣作品，描述從麵包誕生出來的英雄，努力與宿敵細菌人作戰的故事。

但是最早問世的麵包超人，卻是個身穿披風的中年大叔。

柳瀨嵩最早在1969年便繪製了麵包超人。是收錄在《十二顆珍珠》短篇作品集裡的其中一篇，也是《麵包超人》這部作品的原型。

故事的主角只有飛行能力，是個看起來不修邊幅的中年男性。儘管周遭人認為他怪怪的而不喜歡他，但他本人卻擁有相當高貴的性格，正義感比一般人還強烈。也因此，他的工作是飛到獨裁國家或戰亂地區，把紅豆麵包送給當地的貧苦孩子。

然而他如此努力，卻仍不被世人所接受。他的邋遢外表害他受盡大人們的嘲弄，就連他所拯救的孩子也批評他很老土。

儘管如此，麵包超人還是毫不放棄，繼續不斷地拯救兒童。但某天卻被軍機以為是敵軍而誤殺了。於是麵包超人就這樣默默地死去，沒有人為這名英雄之死而悲傷。

過去有不少描述孤獨英雄的作品，而本作更可說是此類作品先驅中的傑作。

收錄在《十二顆珍珠》裡的初代麵包超人

《麵包超人》初期的麵包超人被吃掉的場景相當詭異

《麵包超人》裡最令人印象深刻的設定，就是當遇見肚子餓的孩子時，麵包超人會把自己的臉湊過去餵食。

綜觀古今東西方的所有動漫英雄，找不到其他會像這樣把自己身體一部分讓別人吃的例子。雖然現在觀眾都很習慣了，但這畢竟還是極為異常的設定。

然而更早期時，麵包超人犧牲自我的精神比現在更加強烈。

左頁所引用的圖片，是摘自1976年刊行的繪本《麵包超人》的其中一張。這是繼本書第140頁所介紹的初代麵包超人之後第二代的麵包超人，臉部有一半面積被吃掉似乎也視為理所當然。其他甚至有被小孩吃掉整個臉部，在無頭的狀態下飛天的畫面。完全沒頭的英雄在空中飛的樣子，怎麼看都很超現實。

而且麵包超人會把臉分食的對象也越來越多，除了餓肚子的小孩之外，就連猴群都來討，後來還不時會分給他養的寵物狗起司。跟現在所看到頭部只減少一點點的麵包超人比起來，當時的外觀給人的衝擊更大。

此外，這時的麵包超人比例應該是六頭身，是個頭比較高的角色，這點又更讓人覺得詭異。而且同部作品中也有紅精靈登場，不僅一樣是六頭身的苗條身段，還打算用長矛刺穿人類，個性相當殘暴。看來繪本時期的《麵包超人》，其實是相當非現實且超乎常規的。

《麵包超人》繪本

《麵包超人》果醬叔叔跟奶油妹妹都不是人類

超人氣動畫《麵包超人》裡登場的果醬叔叔，可說是麵包超人的父親。平常住在麵包工廠裡，不只會做麵包，連其他料理、食物也會做。跟奶油妹妹、狗狗起司一起負責對抗細菌人的後勤支援，是讓人安心的存在。

在《麵包超人》世界中，觀眾很容易誤以為果醬叔叔和奶油妹妹是少數的人類角色，但實際設定並非如此。根據作者柳瀨嵩的說法，果醬叔叔和奶油妹妹跟其他角色一樣都不是人類，比較接近妖精。

過去在動畫版《麵包超人》的官方網頁上，曾寫明果醬叔叔是「一般人類」。現在似乎已經統一按照原作者的設定，將人物敘述改為「麵包超人世界裡沒有人類，果醬叔叔與奶油妹妹都是有著人類外表的妖精」。

《麵包超人》紅精靈的戀愛無法實現的原因令人震撼

紅精靈是《麵包超人》裡登場的角色，她是某天忽然從細菌星來到地球的女孩，非常喜歡紳士有禮的吐司超人。事實上，紅精靈攻擊過吐司超人好幾次，當然會老是失戀。所以至今仍維持著若即若離的關係。

不過在官方設定裡，這場暗戀則定調為「沒有結果的戀情」。2003年12月發售的女性雜誌《MOE》在製作麵包超人特集時，就有讀者來信提出這樣的問題：「紅精靈與吐司超人的戀情會怎麼發展？」雜誌方針對這個問題的回應是：「兩人絕對不會有結果。畢竟一邊是細菌、一邊是食品啊！」這話說得非常直接，但仔細想想也不無道理。

《麵包超人進行曲》是作者獻給亡弟的歌

深受兒童們愛戴的國民動畫《麵包超人》，主題曲就是《麵包超人進行曲》。像是「只有愛與勇氣是朋友」、「為了守護大家的夢想」等歌詞，都是非常適合孩子的英雄卡通主題曲，但其背後卻隱藏著悲傷的故事。

其實這是作者柳瀨嵩寫來悼念弟弟的歌。

柳瀨嵩的弟弟死於二次世界大戰打得最激烈的1940年代。弟弟千尋志願加入海軍，也自告奮勇要當特攻隊，帶著潛水型魚雷去攻擊敵方艦隊，因此年僅22歲就死去了。

戰爭結束後回到日本的柳瀨嵩，先畫了本書在第140頁介紹過的漫畫將初代麵包超人呈獻給世人，以傳達自己的反戰思想。內容描繪英雄為了人類奮鬥卻得不到回報，故事本身便是佳作，但當時的編輯們卻認為「灰暗的風格不適合這時代」，市場反應也沒有太好。

後來作者又加入了更大眾化的元素，創作了現在的麵包超人。柳瀨嵩也受委託填寫動畫版主題曲歌詞，他想再度於歌詞裡加入反戰意識，最後完成的便是現在的《麵包超人進行曲》。

這麼一來，讓我們重新聽聽歌詞內容：

・閃耀的星星消失了＝特攻隊

・時間過得太快＝在特攻之前的日子

・你笑著前進＝特攻隊的心境

……以及其他，歌詞中有不少部分都與戰爭相關。

也就是說，令人印象深刻的一句「只有愛與勇氣是朋友」，便是指特攻隊只帶著愛與勇氣去赴死的表現。

可以說，這是一首深意十足的英雄主題曲。

麵包超人家的起司狗以前曾是細菌人的手下

日本電視台於1998年開始播放的《麵包超人》動畫，故事中有個角色是「名犬起司」。

他是跟麵包超人一起住在麵包工場的同伴，協助尋找細菌人的地盤，也在拯救果醬叔叔行動時大展身手。是麵包超人的忠實好夥伴，在粉絲之間享有很高的人氣。

不過觀眾可能不知道，其實名犬起司以前曾經是細菌人的手下哦！

起司是在1982年出版的《草莓繪本》第65回首次登場。當時的起司是細菌人的手下，被派到當年還很討厭狗的麵包超人身邊搗蛋。

可是他在潛入中途，被奶油妹妹的善良收服，決定背叛細菌人，麵包工場也就收留了他，讓他跟在麵包超人身邊。從現在忠心耿耿的表現來看，真的讓人難以置信有這段過去呢！

在初期的《麵包超人》中，起司跟細菌人是一夥的

順帶一提，動畫版裡的起司似乎不會說話，但根據原作者柳瀨嵩的說法，「他只是覺得沒必要才不說話」」。看來他與其他角色一樣，是擁有說話能力的。

現在負責替起司配音的是非常專業的聲優山寺宏一先生，他在《麵包超人》裡還兼任了小河馬、什錦鍋人的配音，徹底展現了大師級的功力。

《美少女戰士》美少女戰士最後全都被殺了

1992年開始在朝日電視台播放的《美少女戰士》，是一部在1990年代造成社會現象的超紅動畫。

故事雖然敘述平凡的少女變身成魔法戰士與妖魔戰鬥，不過完全沒有太可怕的元素。然而在動畫版《美少女戰士》的最後一集，讓人大感意外的悲劇發展，讓許多粉絲受到不小的衝擊。

最後一集的標題是〈水手服戰士之死！〉。內容也正如其名，是水手服戰士們面對強大敵人展開最後決戰，最後為了保護主角而一個接一個犧牲了。

看著同伴在眼前一一被殺死，月光仙子在故事尾聲已經精神崩潰，當場跪坐下來，不停喃喃自語地說：「我一定是在作夢。」當年有許多孩子坐在電視機前也跟著嚎啕大哭。

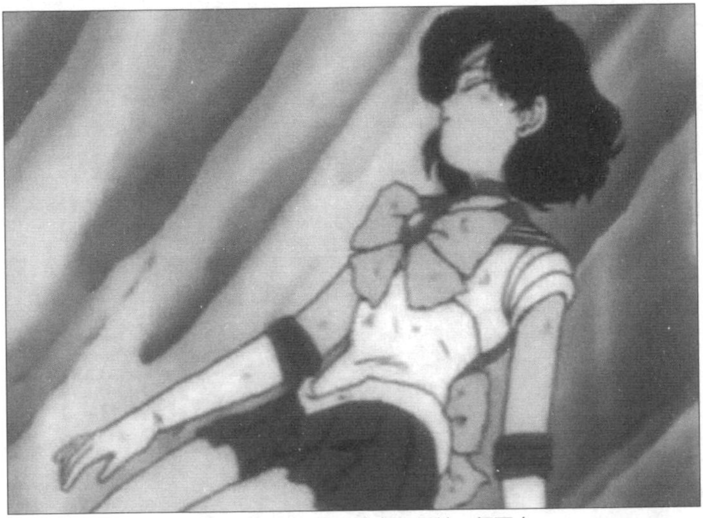
《美少女戰士》動畫最後一集。水手服戰士一個接一個死去

在那之後，雖然故事安排應該已經死去的水手服戰士們轉生到另一個世界，可是她們轉生之後卻失去了所有從前的記憶，如此殘酷的安排，再度造成當時小朋友們的巨大心理創傷，至今也仍被粉絲們視為一則傳說。

順帶一提，繼承本作品的超人氣，接著再製作的續篇《美少女戰士R》，設定上將故事回溯到水手服戰士全軍覆沒的前一年，也就沒有走向悲劇的結局。

《神劍闖江湖》的劍心最後得性病而死

《神劍闖江湖》1994年在《週刊少年JUMP》開始連載，內容敘述曾是令人聞風喪膽的傳說中劍客「千人斬拔刀齋」，主角緋村劍心在幕末日本闖蕩的浪漫歷史故事。擁有最強千人斬過去的流浪劍士，守護個性豪爽的女主角並打倒壞人，快意恩仇令人看了過癮。2012年更推出兩部電影作品，掀起了一股熱門話題。

整部作品基調開朗光明，充滿了喜劇氛圍，但各位可能不知道，動畫版最後一集的〈星霜篇〉，不知為何竟是陰暗的情節。內容是主角劍心與妻子小薰竟然雙雙染上性病，最後都病死了。

這集描述的是劍心與女主角結為連理之後的故事，算是原作的「續篇」。結婚後，劍心在從事慈善活動時莫名地染上梅毒，還把病傳染給妻子。疾病逐漸侵蝕兩人的身體，劍心後來還長瘡化膿。原本應該要靜養的時期，卻接下了陸軍卿委託的海外遠征任務，因此強撐著身體獨自前往中國。

《神劍闖江湖 星霜篇》。劍心染上梅毒而死

日復一日，妻子都會在港邊等待丈夫回來。這段時間內兩人的病情也慢慢惡化，幾年之後，劍心總算回到妻子身邊，卻也不敵病魔而死。過沒多久，妻子跟著劍心嚥下最後一口氣。以最強劍士的結局來說，實在是太過黑暗的死法。

只有這部〈星霜篇〉與故事一貫風格大不相同，在粉絲之間的評價也是相當兩極化的。

《烏龍派出所》的阿兩曾經打贏過弗力札

超人氣漫畫《七龍珠》裡有個大反派弗力札，他被視為宇宙帝王，是令人聞風喪膽的最強敵人。他派出許多手下尋找環境良好的行星，消滅那些星球上所有生命體，是個無惡不作的恐怖魔王。

弗力札的力量極度強大，就連主角孫悟空都與他陷入苦戰。儘管弗力札表現出穩重有禮的樣子，卻能毫不猶豫奪取他人生命，即便面對年幼孩童，也能夠笑著殺害，個性非常冷酷。例如弗力札輕鬆殺死克林的那一幕，當年就給書迷帶來很大的衝擊。

不過這位宇宙最強大的反派，卻曾有一個地球人打贏過他，那就是同為人氣漫畫的《烏龍派出所》的主角——兩津勘吉。

他們是在《烏龍派出所》漫畫第69集碰上彼此的。正在巡邏的阿兩發現違規停車的太空船，於是叫他們快點把船開走，沒想到太空船裡的佛力札現身還開始攻擊阿兩。

大家可能以為阿兩一定敵不過佛力札，但其實不然。無論弗力札發射了幾次攻擊，阿兩都毫髮無傷。都已經被埋在土裡，還能大吼「臭矮子！」、「我要把你關進大牢！」，阿兩真是太厲害了。

對眼前情況感到震驚的弗力札，立刻搭上太空船逃走。阿兩能成功地趕走弗力札，簡直可說是最強的人類。

《烏龍派出所》第 69 集。阿兩實在太強了

《史努比漫畫》史努比是因為幽閉恐懼症才睡在屋頂上

《史努比漫畫》是全球發行超過三億冊的超人氣作品，故事圍繞著小男孩查理・布朗與他的寵物史努比的日常生活，作品同時也打造了糊塗塌客及奈勒斯等雋永的人氣角色。

其中史努比經常睡在小狗屋頂上的畫面，使人印象相當深刻，這一幕知名畫面甚至還被用來當漫畫封面。

身為一隻米格魯小獵犬，史努比老睡在屋頂上是有理由的。因為史努比有「幽閉恐懼症」。根據官方設定：「史努比喜歡喝沙士和吃披薩，最討厭椰子糖，因為雜草比他高而患了幽閉恐懼症。此外，極度討厭小狗屋上面結冰柱」。整體上來說儘管有點莫名其妙，至少可知他討厭狹窄的地方，才會跑到小狗屋的屋頂上睡覺。

《名偵探柯南》整個故事其實只經過了半年

《名偵探柯南》是描述遭到神祕組織下毒變成小學生的高中生偵探，大顯身手辦案的故事。是從1994年連載至今超過20年的長壽作品。

可是作品內所經過的時間，直到2017年為止也才經過半年。在電視動畫第四百集〈心存疑惑的小蘭〉裡，就清楚說了從主角工藤新一變小之後才經過六個月的時間。但在這段期間內柯南解決事件的數量超過七百件，算起來殺人事件是以平均一天四件的速度在增加。

同時在作品中登場的各種道具，也隨著現實的時代變遷而有所不同。早期新一都要用公共電話或耳掛式行動電話，近年來已經很自然地拿著智慧型手機登場了。而連載初期所使用的小筆記本型警察手冊，現在也隨著現實世界的變化，改成警徽。

《妖怪手錶》被禁止播放的夢幻回是指？

《妖怪手錶》從2014年開始播放，現在已經成為國民人氣動畫之一。這是一部敘述小男主角與妖怪們合作，一起解決人們各種難題的喜劇作品。

這部人氣動畫至今仍持續推出新作品，但以前曾發生過一次停播事件。

2014年10月，官網貼出了以下公告：

「原預定於上述時間播放的《妖怪手錶》第39集，提供作品的東京電視台因故將暫停播出一次。」

出問題的，就是會附身在人類身上說謊的妖怪U・S・O・登場那一回。該集用了連續劇《孤獨的美食家》、AKB48、粉紅淑女等藝人的模仿橋段，其中有部分可能會得罪相關人員，還在網路上引起騷動。

《妖怪手錶》的確是一部用許多詼諧模仿方式來呈現的動畫，曾使用過《JOJO的

奇妙冒險》、《北斗神拳》、《遊戲王》等無數的題材來搞笑，而且經常會收到「這樣真的沒問題嗎」之類的意見。

因此關於這一點，東京電視台的高喬社長表示：「這只是配合我們所做的調整，並不是什麼大問題。我們認為這集不要播出會比較好，至於理由方面，就不太好說明了。」因此真相如何，至今仍然未明。

後來該回便開始在 niconico 的網路頻道及 Hulu 頻道上播出，部分鏡頭則已經更換過了。就連 DVD 版本也做了同樣的處理，看來詼諧模仿的部分還是問題主因吧！

《妖怪手錶》第 39 話。一開頭就扔下重量級的《孤獨的美食家》模仿秀

《小獅王》雷歐的結局是被人類殺害

《森林大帝[4]》與《原子小金剛》並稱為手塚治虫的代表作，以非洲叢林為舞台，是一部敘述圍繞著獅子雷歐身邊的家人、人類們之間關係的大型群像劇。

包含電影版在內，這部名作八度被改編成動畫，其中於1989年播放的電視動畫系列第三部，是唯一悲劇結局的作品。

這個動畫組自豪的版本，故事發展與原著完全不同。設定方面，雷歐等動物無法跟人類對話。

而在最後一集，由於人類企圖把森林變成度假勝地，雷歐等角色便不顧一切地想與他們一戰。聚集在一起對抗人類就算了，但同伴們接二連三不敵槍砲而死，這樣的發展太過悽慘。

4 又稱小白獅王、小獅王

《小獅王》。雷歐遭到射殺的悲劇結局

到了最後，雷歐只能大喊「用我的命來平息這一場紛爭吧」，但他的話卻傳遞不出去，就這麼遭到來福槍射殺。最後的結局，牠們還是沒有阻止森林變成度假村。

製作單位的想法似乎是「人類並不會因為雷歐的犧牲奉獻而改過」，可說是一部徹底凸顯人類自私一面的異類作品。

順帶一提，手塚治虫所繪的原作版《小獅王》，結局比這部動畫更加悲壯。主角雷歐置身颳著大風雪的雪山裡，最後下定決心犧牲自己，指示人類吃掉他的肉活下去。這其實也是會造成心理陰影的衝擊性結局。

《怪醫黑傑克》曾預言大地震

《怪醫黑傑克》是從1973年開始於《週刊少年JUMP》連載的漫畫，內容描述天才外科醫生與醫療問題等相關的人性故事，是相當傑出的作品。這部作品內有一則單元，相傳預言了會在2008年發生的「岩手宮城內陸地震」。

該則備受討論的單元，是於1978年7月刊載於《週刊少年冠軍》的〈求人之水〉（後來收錄在冠軍版漫畫第17集）。

故事敘述某天，主角黑傑克遇到一位被趕出住處的老太太，不久之後發生了規模達7．5的大地震，黑傑克便到處奔波拯救老太太。

被認為是「預言」的原因，是漫畫對於地震發生之後的描繪。其內文記述為「六月十四日上午八點左右，東北一帶發生7．5級地震」。

後來在2008年6月14日上午8點43分，實際發生了「岩手宮城內陸地震」，芮氏地震規模為7・2。無論是時間、地點，甚至連地震規模都幾乎相同。

這當然只不過是巧合，但地點與日期都一致這點，實在很驚人。

6月14日午前8時ごろ
東北一帯にマグニチュード7.5の地震発生
手瀬間病院
手瀬間胃腸病院

《怪醫黑傑克》。地震日期完全相同

《我所見到的未來》預言東日本大地震的驚人恐怖漫畫

2011年3月11日，日本發生了嚴重的東日本大震災。這是觀測史上在日本發生過的最大地震，引發了超過四十公尺的海嘯，給東北地方及關東地方的太平洋沿岸帶來毀滅性的破壞。而這件事更是引起了某部漫畫的書迷們一陣大騷動。

這部漫畫是由TATSUKI諒所畫的《我所見到的未來》，1999年以「真實發生的恐怖故事漫畫」系列發售，是一部真實體驗類的恐怖漫畫。

故事以作者實際做過的夢為基調來進行，描述TATSUKI諒擁有做預知夢的能力，已經有好幾次做的夢後來都發生了。例如他過去曾準確說中佛萊迪・墨裘瑞的死亡日期時間，就連橫濱公園發生的殺人事件也準確命中。

這位作者認為自己「最毛骨悚然」的一件，就是1986年所做的「大地震」預知夢。他夢到日本某地發生大地震與大海嘯，而且有極大範圍的地區受災。

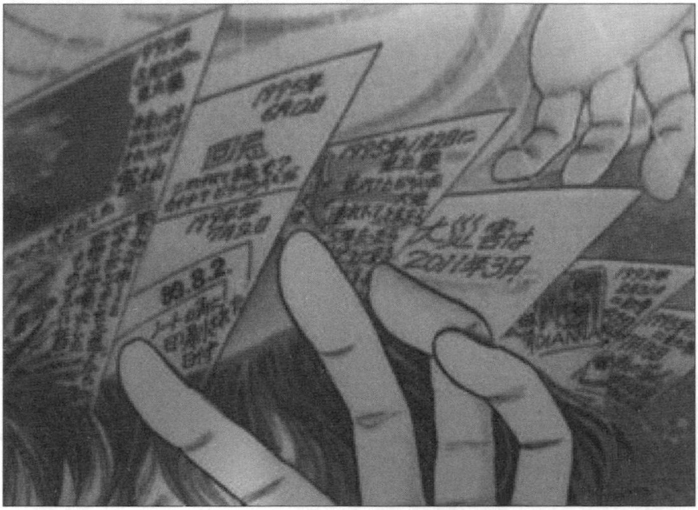
《我所見到的未來》。封面上有一處寫著「大災害發生在 2011 年 3 月」

本篇最後的畫面，是被惡夢嚇呆的作者說道：「被海嘯襲擊的城鎮在哪？可以單純只是場夢嗎？還有救嗎？我想我們很快就會知道了……」最可怕的則是本書的封面，清楚印著「大災害發生在 2011 年 3 月」的預言時間。就算只是巧合，也未免準確得太令人心驚。

《小飛俠》彼得潘會殺掉長大的孩子

《彼得潘：不會長大的男孩》（Peter Pan: The Boy Who Wouldn't Grow Up）是英國作家詹姆斯・馬修・貝瑞（James Matthew Barrie）撰寫的名著，內容敘述不會長大的男孩彼得潘，以夢幻島為舞台，與邪惡的虎克船長作戰的精彩奇幻冒險過程。

但是這個充滿夢想的故事，卻隱藏了一個震驚世人的可怕設定。那就是彼得潘殺死了被他帶到夢幻島的其他孤兒同伴。證據在原作《彼得潘與溫蒂》裡所寫的兩段文字：「彼得潘相當固執，他想盡快殺掉所有的大人們」、「孩子們即將長大的時候，就是違反規則，彼得潘會控制這個部分」。

看來，討厭大人的彼得潘也不允許其他孩子們成長。雖然故事沒有明確敘述他是否殺害孩子，但彼得潘對孩子們肯定做了一些處置。

《小拳王》的原型是太古八郎

1969年起在《週刊少年MAGAZINE》連載的《小拳王》，是一部吸引了許多狂熱粉絲的名作。主角矢吹丈是住在宿民街的少年，前拳擊手丹下段平發現他的拳擊才華之後，他便以拳擊和許多勁敵較量比試，可說是運動類漫畫的金字塔頂端。

這部超級傑作主角的參考人物，就是前職業拳擊手兼後來的喜劇演員，已故的太古八郎。小平頭且在額前僅留一小撮較長的頭髮，這樣富有喜感的造型，乍看之下似乎與長髮且很酷的矢吹丈並不太相像，不過作者參考的是太古八郎的戰鬥型態。矢吹丈會無防禦地不斷出拳，在對手疲憊後便迅速撂倒對手，這套雙手免提戰術相當有名。其實1962年太古八郎在晉級第13屆日本蠅量級冠軍時，就使用了相同戰術。無論怎麼挨打都帶著自信笑容面對對手，這樣的姿態似乎就直接用在矢吹丈的身上了。

《星星公主》的片頭曲是寫給自殺的朋友

《星星公主》是2003年開播的電視動畫，內容敘述男孩與許多神奇生物相遇，並和打算終結世界的敵人作戰，是暗黑系的童話。

這部動畫的片頭曲和片頭影片，更在觀眾之間引發討論。這段使用剪貼畫風的影片，乍看之下充滿熱情的氣氛，曲風也較偏向流行曲。

事實上演唱這首歌的樂團THE NEUTRAL的主唱三木茂，是為了悼念國三時自殺的朋友而寫了這首歌。明白之後再回來聽，會發現如「太陽染得鮮紅，我才明白你已不在」等，有不少歌詞的含意都頗為悲傷，讓人覺得不安。儘管這首歌本身與動畫內容並沒有直接相關，卻與《星星公主》的嚴肅內容相當吻合。

《甜甜仙子》最後被車撞死

《甜甜仙子》是1982年開始播出的動畫，12歲又男孩子氣的女孩甜甜，可以藉魔法之力變身成大人來大顯身手，可說是魔法少女類動畫的鼻祖。

動畫基本上都是歡樂的喜劇內容，但最後卻是一個相當慘的悲劇結局，知道這件事的人似乎不多。

動畫最後一集，甜甜在公園裡玩耍時，為了去撿滾到馬路上的球就跑了出去。這時忽然一輛卡車疾駛而來，見到橫越馬路的甜甜後緊急大轉方向盤，但已經太遲了。車頭的確避開了甜甜，但甜甜卻被安全桿掃到，就這樣被夾在電線桿之間而死。

後來雖然甜甜轉世投胎成為人類小孩，故事以好的結局作收，但主角死去這點是不變的事實，讓當時的觀眾遭到嚴重打擊。

《甜蜜公主》曾因歧視言論遭到回收

《甜蜜公主》是1949年起在《少女》雜誌連載的一部少女漫畫。以淘氣公主偷跑出城堡引起大騷動為主題，一直以來推出多部電影及動畫，2009年推出由井上真央主演的連續劇版《愛蜜公主出城去》也大受歡迎，是一部歷史悠久的名作。

這部漫畫以輕鬆詼諧為基調，看起來也不像是會惹出什麼麻煩的作品，但過去還是有一次因為歧視言論而引起回收爭議。

那是1986年起在《友好》雜誌刊出的重製版《甜蜜公主》。這個版本是將動畫版《甜蜜公主》製成漫畫，可愛的畫風在當時深受男女觀眾喜愛，是擁有廣大人氣的作品。

這套重製版《甜蜜公主》在連載結束之後過了一段時間都相安無事，直到1995年，發行漫畫的出版社忽然收到抗議信件。

信件內容指出，《甜蜜公主》的漫畫裡，出現了助長人種歧視偏見並傷害尊嚴的畫面。該畫面指的是漫畫第一集第二話中，甜蜜公主正在想像來自外國的家庭教師會是什麼模樣。第一次知道有「外國人」存在的女主角，天馬行空地想像著對方「不是普通人類」、「一不高興就會把對方吃掉」。就是這樣的內容遭到抗議。而出版社也以更改問題畫面來回應這次抗議。

《甜蜜公主》。想像外國人模樣的畫面遭到抗議

該抗議團體其實也曾對《怪博士與機器娃娃》、《烏龍派出所》、《怪醫杜立德》等作品提出抗議。而以現代的標準來看，那樣的內容的確不太妥當。

《妖怪人間貝姆》的結局是大家被火燒死

《妖怪人間貝姆》在2011年推出真人版連續劇，又接著製作電影版。非人也非怪物的奇異妖怪人，一邊忍受著來自周遭的迫害，一邊還要打倒邪惡妖怪，是一部暢快的動作類動畫。

故事中這句「想早點變成人類」是非常有名的台詞，但原作動畫裡的貝姆等人，結局不僅沒有成為人類，還被警察一把火燒死，迎向最悲慘的結局。

最後一集指的是1969年版所播放的〈亡者的洞穴〉。故事尾聲，貝姆等人終於發現成為人類的方法，但他們卻不得不為此殺死曾經救下的夫妻與孩子。問題是貝姆等人一直以來都是為了人類而戰，事到如今不可能對人類痛下殺手。掙扎許久之後，貝姆最後決定還是以妖怪人的型態活下去。

但是悲劇並沒有因此結束，貝姆等人待在自己的根據地時，一隊警察現身，不由分說便燒了他們的房子。就在貝姆等人發誓未來會繼續戰鬥之後沒多久，就一起慘遭祝融很快地死去了。對觀眾而言是極為衝擊的悲慘結局。

由於這個結局太令人難以接受，播出之後有大量悼念貝姆等人的意見找上日本電視台。於是在1982年放映的重製版中，角色設計變得比較溫和，故事也讓貝姆等人盡情打倒邪惡妖怪，變成一部簡單的英雄動畫。

結果這麼一來，又輪到懷念第一部沉鬱版《妖怪人間貝姆》的觀眾，紛紛表示「以前的版本比較好看」。

動畫版《妖怪人間貝姆》最後一集。主角們被火燒死

《骷髏13》的唯一弱點就是變裝實在太爛了

經典長壽作品《骷髏13》的主角迪克．東鄉，可說是全世界最強的殺手。能夠輕易潛入任何戒備森嚴的地點，俐落地達成委託任務。

但是骷髏13的少數幾個弱點之一，就是儘管他身為殺手，但變裝手法卻非常拙劣。

骷髏13的變裝術很簡單，基本上就只會裝假鬍子跟戴眼鏡而已。因此很難隱藏他天生銳利的眼神，過去有不少次任務就是因此暴露身分的。身為史上最強的殺手，這個弱點真是令人大感意外。

不過，骷髏13本人似乎也很在意這項弱點。證據就是在漫畫版第127集〈帝汶的蹉跌〉中，他特地聘了專業化妝師，也大大提高了變裝的完成度。

《鹿苑長春》的最後一集以小鹿被殺告終

1983年NHK電視台播映的《鹿苑長春（The Yearling）》，是將美國作家馬喬利・金蘭・羅林（Marjorie Kinnan Rawlings）原作的兒童文學改編成的動畫名作。以自然風光美好的佛羅里達州鄉村為背景，敘述一名內向少年喬弟某天在森林裡撿到一隻小鹿並收養牠，是一部描寫少年與小鹿友情的傑作。

事實上，這部作品的結局出乎意料地很殘酷。起因是小鹿慢慢長大後，開始會破壞村民的農田。即使把牠趕回森林裡，牠仍會跳過柵欄回來。忍無可忍的村民要求喬弟殺死小鹿。喬弟苦惱了良久，最後還是下定決心拿起父親的獵槍射殺小鹿。大受打擊的喬弟哭著離開了家，划著獨木舟順流而下。原本以為是溫和輕快的動物類動畫，沒想到在最後一集急轉直下變成悲劇，據說當時受打擊的觀眾也不在少數。

《魔神壇鬥士》連續兩週播出同一集動畫

《魔神壇鬥士》是1988年開始播放的動畫，劇中有大量美形男登場，堪稱是「美少年動畫熱潮」的先驅。

本作品在動畫史上發生過一次播放意外。1988年9月，原本要播出第18集的那天，負責播放的名古屋電視台由於作業疏失，播出了與上次相同內容的第17集。

後來調查原因之後，得知單純只是拿錯母帶，但播放單位發現時已經來不及了。最後沒辦法只好將錯就錯，將錯放的內容繼續播完，並在片尾曲最後即播放下集預告時，兩度在畫面下方插入緊急道歉字卡。由於之後陸續有許多觀眾來電詢問，因此在隔週播放片頭前，又先播出由電視公司女主播發表的道歉語音。

【第三章】

遊戲篇

《大金剛》瑪利歐拋棄了前女友變心愛上碧姬公主

1981年任天堂發售的遊戲《大金剛（Donkey Kong）》裡，大金剛綁架了波琳，主角瑪利歐必須去拯救戀人出來，是早期的機台遊戲。

波琳是一位穿著襤褸紅色洋裝，茶色頭髮的女子。後來在《彈珠台》、《家庭基礎語言》等遊戲裡也曾客串出演過，但之後便再也沒有任何登場了。

至於她消失的原因，根據製作人宮本茂與導演龜山雅之在GAMEBOY版《大金剛》官方使用手冊裡是這麼說的：

「瑪利歐救出波琳之後，認識了碧姬公主就移情別戀，波琳也就被拋棄了。」

沒想到瑪利歐會因為認識碧姬公主就拋棄波琳，儘管這只是在開玩笑，但以設定上來說讓人打擊不小。

這麼說來，GAMEBOY版《大金剛》的最後一關裡，旁邊的風景確實很像蘑菇王國。

看來瑪利歐移情別戀是確有其事。

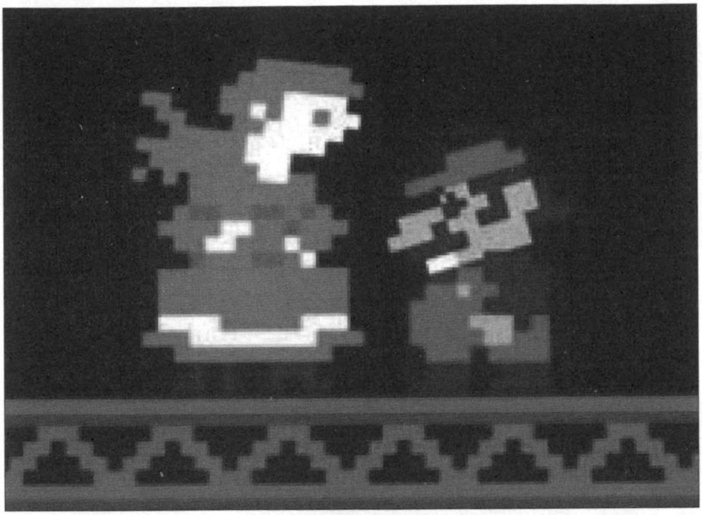
《大金剛》，當年還在跟波琳交往的瑪利歐

後來，波琳在2007年推出的《瑪利歐vs.大金剛2迷你大行進！》裡，睽違13年重新登場。當時的設定已經改成是「瑪利歐的好朋友」，就連檔案欄也寫著「我跟瑪利歐只是朋友喲！」」

介紹欄裡如此特別強調令人反而有點在意，但既然已經過了這麼多年，兩人似乎真的可以回到普通朋友關係了。

《超級瑪利歐》裡的蘑菇參考了實際存在的毒菇

超熱門遊戲《超級瑪利歐兄弟》的知名道具之一，就是超級蘑菇。瑪利歐只要得到它就能變大，碰到敵人一次可以不受傷害。

超級蘑菇的特色是巨大的紅色蕈傘上有白色斑點，而且是有實際參考對象的，那就是名為「毒蠅傘」的知名毒菇。

毒蠅傘為生長在高原白樺林或松樹林裡的種類，只要吃到就會出現下痢、嘔吐、產生幻覺等症狀。不過尚不會致死，有部分地方的人還會去毒之後食用，但這是非常鮮少的例子。所以毒蠅傘算是很常見的毒菇。

事實上，《超級瑪利歐》的製作人並沒有直接參考毒蠅傘。根據任天堂的宮本茂接受國外訪談的內容，這個道具的原型是《愛麗絲夢遊仙境》裡出現的蘑菇。他看到愛麗絲吃了蘑菇後可以自由改變身體大小，就創造了超級蘑菇。

毒蠅傘跟超級蘑菇的確很像

而《愛麗絲夢遊仙境》裡登場的蘑菇，正是以毒蠅傘為參考原型。

毒蠅傘在歐洲被視為幸福的象徵，也常常畫在聖誕卡片上，是非常主流的存在。因此自古就經常會出現在各種藝術作品中。例如在1940年的迪士尼動畫《幻想曲（Fantasia）》裡登場的也是毒蠅傘。長年以來一直引用在藝術作品裡的蘑菇，最後終於也在《超級瑪利歐》裡現身了。

《超級瑪利歐》的磚頭是被詛咒的人類模樣

任天堂所發行的超級傑作《超級瑪利歐兄弟》，在全世界狂銷4024萬套，被列為金氏世界記錄的「全球最暢銷遊戲」。

這套講述水管工人瑪利歐一路破壞磚頭，前往拯救公主的健康動作遊戲，背後卻隱藏著有點可怕的設定。

根據1985年發售的第一代《超級瑪利歐兄弟》說明書的內容，瑪利歐敲破及用來踩的磚頭，是「被庫巴的魔法變成磚頭的蘑菇王國居民」。

換句話說，在瑪利歐一邊敲破磚頭，一邊前進時，蘑菇王國的居民就會接二連三死去。另外，就算瑪利歐打倒庫巴大王時，也沒有剩下的磚頭變回人類的相關描述，這點也令人相當在意。

《太鼓達人》中隱藏的恐怖夢幻曲

《太鼓達人》是一款透過打鼓考驗節奏感的人氣遊戲，從經典的古典名曲到偶像歌曲，各種樂曲都可以供人選擇。2009年發售的《太鼓達人Wii2》裡，則收錄了一首沒有任何人玩過的神祕歌曲，引起玩家們的熱議。

歌名是《ISTPA I》。這是分析遊戲參數後會發現的歌曲，開頭20秒是腳步聲，接著30秒是男女的笑鬧尖叫聲。然後忽然開始演奏起《安魂曲》（威爾第），之後又開始倒轉播放，以腳步聲收尾。

根據官方網站的說法，這是測試用的歌曲，但後來忘記刪除。只是這麼詭異的音源，要怎麼測試就不得而知了。

《精靈寶可夢》有個受詛咒的海外暗黑版本

1996年推出的GAMEBOY版《精靈寶可夢》系列，在日本全國掀起一陣熱潮。後來更將遊戲做成動畫，至今成為全球最熱賣的遊戲之一。

故事結構非常簡單，就是主角帶著名為寶可夢的神奇生物，不停地與對手們對戰。其實在國外還有一個被稱為「詛咒黑版」的神祕版本存在。

那是一套正式名稱為《Pokemon Creepy Black》的遊戲軟體，外包裝只有一個在紫苑鎮登場的幽靈。內容卡匣也塗成全黑色，給人相當恐怖的印象。

雖然內容以日本也有發售的《寶可夢紅綠》為基礎，但自己可以使用的寶可夢只有幽靈而已。是無論等級怎麼升也只能使用「詛咒」技能的特殊寶可夢。擁有不只對手的寶可夢，就連訓練師及道館主人都能瞬間消除的可怕能力。儘管寶可夢的種類相當多，但能夠殺死人類的，就只有詛咒版裡的幽靈了。

接著使用這個寶可夢進行遊戲，順利來到結尾的時候，就會有和一般版完全不同的發展。

首先，會先跑出「歲月流逝……」的字樣，只見變成老人的主角站在寶可夢塔前，正眺望著墳墓。似乎是因為幽靈把所有的寶可夢與人類都殺光，全世界只剩下墳墓而已。

接著幽靈會出現在老人面前，開始進行對戰。然而已經年邁的主角只能使出「掙扎」的招式，毫無招架之力就被幽靈殺掉。

聽起來非常陰沉的發展，但這個傳言並非空穴來風。原本《黑版寶可夢》就是海外粉絲自己製作的盜版，遊戲檔案可以從網路上下載，只要使用專用的模擬器，就能正常地操作。製作者本身是抱著好玩態度作出來的，但故事做得太完整，就在網路上傳開，最後就演變成一個都市傳說了。

《超級猴子大冒險》裡隱藏的低級訊息

1986年發售的家庭遊戲機用軟體《元祖西遊記 超級猴子大冒險》，是被稱為史上最糟糕爛遊戲的傳說級作品。

遊戲一開始，玩家會被扔在廣大的草原上，沒有任何線索只能在紅棕色的畫面上不停前進。戰鬥畫面中，會區別不出敵人及夥伴。到最後莫名其妙就GAME OVER了。整個遊戲裡沒有任何有趣之處，的確是除了爛遊戲之外沒有更適合的稱號，遊戲反而因此出了名。

就在這部神奇作品發售20年之後的2006年，竟被人挖出遊戲裡隱藏著令人意想不到的訊息。有遊戲迷在解析遊戲參數時，發現遊戲的圖形數據部分，居然寫了一些低級文字。

這些文字內容包括「好想舔女生下面哦　想跟女生做愛　陰道妹妹　陰蒂妹妹　愛妳！愛妳！」雖然不知道放這些文字的目的為何，但內容實在非常下流。

《超級猴子大冒險》，令人震驚的低級文字

留下這些問題訊息的人，自稱「設計師 NAKAJIMA KAORU」，他當初應該只是好玩放進這些文字的，肯定沒想到多年以後會被解讀出來。事到如今真的很丟臉。

傳說級的爛遊戲裡居然還能誕生新的傳說，這也是在遊戲史上留名的少見例子吧。

《異形戰機》的操縱者是雙手雙腳都被截肢的人

《異形戰機（R-TYPE）》是1987年發售的知名射擊遊戲。讓人聯想到「異形」的生物角色設計以及全新的系統掀起熱潮，是1980年代最具代表性的大紅作品。

故事本身很單純，就是要打倒侵略地球的異形，不過卻有不少莫名灰暗的設定引起熱議。首先系列第一代作品《異形戰機（R-TYPE）》，玩家所操作的戰鬥機，其飛行員的設定居然是只有大腦被提取直接連結電腦。因為座艙太小，人類是無法搭乘的，只能把飛行員精簡化。接著第二代遊戲的設定改為飛行員雙手雙腳被截肢，身體連接電腦。到了第三代遊戲還追加了設定，成年女性坐不進座艙裡，所以讓少女飛行員服用停止生長的藥，實在是徹底忽視人性的設定。

《魔法氣泡》的世界曾被天使毀滅過

1991年發售的《魔法氣泡》，是掉落式拼圖遊戲的熱門大作。內容有造型可愛的角色以及世界觀，是至今仍持續不斷推出新版作品的人氣系列。但不同於遊戲的可愛印象，《魔法氣泡》的世界存在著相當凝重的背後設定。那就是魔法氣泡的世界其實是神將人類毀滅之後所發生的故事。

故事是從四千年前開始，人類增加過多觸怒了神明，引起天地異變打算毀滅地球。結果雖然造成世界滅亡，但因為有一名天使愛上了人類女性，於是驚險地救了少數幾人的性命。

倖存的女性後來轉生成《魔法氣泡》裡的主角亞魯魯，殺死了毀滅世界的神明。惡魔為此重新創造了原本的人類，也就是現在的「魔法氣泡」世界。本來以為這是個溫和休閒的遊戲，世界觀卻相當慘烈。

《我的暑假》在悠閒遊戲裡出現的超可怕暑假怪象

索尼在2000年發售的《我的暑假》，是PlayStation平台專用模擬遊戲。玩家在鄉村大自然的環繞下，可以一直玩到太陽下山，體驗「懷念的暑假生活」，是充滿悠閒氣氛的冒險遊戲。內容包含了採集昆蟲、釣魚等健全的活動，但竟是一套因為出現了可怕離奇現象而出名的電玩。

只要在遊戲裡執行某個操作，暑假就不會結束，原本不存在的8月32日會接著開始。接著就會發生一連串恐怖現象，圖文日記將變得亂七八糟，也會出現沒有下半身的人物，而且離不開家門。除此之外，家裡除了主角之外的人都會消失，遊戲裡一直很明顯的蟬鳴也會瞬間聽不見，在應該沒有人的地方聽見說話聲，繪圖日記的內容也變得支離破碎，總之就是所有怪現象同時發生。最後連主角的臉都一片片剝落，終至消失不見。

這當然不是發生靈異現象，而是遊戲內的BUG，只是「8月32日」這個日期給人的深刻印象，再加上發生的現象很可怕，讓許多玩家有著「彷彿死後的世界」、「好像闖進了8月與9月的夾縫中無法逃離」的感覺，於是留下了恐怖的記憶，進而讓遊戲成為一個傳說。

而到了2010年，本作品的作者在推特上針對BUG則發表了下列說法：

「我也一樣覺得有點奇妙。明明就沒有放入任何數據，為什麼能運行呢？很不可思議。」

看來作者自己也不太清楚這個BUG的全貌，太可怕了。

《我的暑假》。主角會崩壞的可怕 BUG

《真・女神轉生》所隱藏的嚇人訊息

由 Atlus 製作的《真・女神轉生》是於 1992 年發售的超級任天堂專用遊戲。這部名作以現代都市為舞台，是與惡魔簽訂契約的硬派故事，至今仍持續開發如《惡魔召喚師》或《女神異聞錄》系列。

本作品為全系列第一部，當時就出現一項都市傳說般的流言。據說有人一開啟遊戲，整個螢幕會忽然顯示無數條紅色文字訊息，內容是「立刻刪掉」，而且不管怎麼操作按鈕，螢幕都不會有反應。聽起來就是非常不可信的流言。

因此有關這項傳言的討論，當時在玩家之間大部分都認為只是一則網路謠言，直到十幾年之後，網路上有人上傳了顯現「立刻刪除」螢幕的影片，真相才總算大白。

後來得知，這個現象似乎是當時的製作方刻意加入的操作。

據說是工程師在寫程式時，為了嚇一嚇玩家，就讓這個問題訊息以 1/255 的機率[5]

5 工程師一開始設定為 1/256，後來覺得頻繁出現的話就失去趣味了，於是將其調整為 1/65536。

出現。如今雖知道這是沒什麼意義的惡作劇，但當時真的有不少玩家認為「遊戲被詛咒了」。

遊戲一旦進入這個狀態就會完全死機，幾乎可說是不良商品。在注重消費者權益的現代，是根本不允許發生的惡作劇。

《真・女神轉生》，這樣真的會嚇到人

《隨身玩伴郊遊記》曾有遊戲放入靈異照片而需要修正

2001年發售的 PlayStation2 專用遊戲《隨身玩伴郊遊記》，是以真實影像重現的港町為舞台，讓玩家能與超人氣隨身玩伴多羅貓悠閒地散步旅遊，創造回憶。是操作上相當悠閒的一部作品。能與包括「多羅貓」在內的可愛「隨身玩伴」們進行溝通，是本遊戲最大的賣點，因為以輕度玩家為主打而引起廣泛熱烈的討論。

這套遊戲似乎與恐怖元素毫無關連，但實際上發售後不久，「用到靈異照片」這件事就造成玩家之間的大騷動。源頭是使用在遊戲裡，以平凡民宅為主的真實照片。乍看之下好像沒什麼問題，但仔細看看二樓窗戶，似乎有個巨大的人臉正在凝視玩家。

這張照片讓玩家掀起了「遊戲裡有真的靈異照片」的討論，使得沒多久之後索尼就刪除了問題照片。由於遊戲本身一直都是溫和悠閒的基調，因此這件事在不少玩家心中留下陰影。

《隨身玩伴郊遊記》，看起來確實像一張巨大的臉

也因為騷動太大，8年後發售的「BEST版」裡，就徹底刪除了問題照片。製作方沒有任何關於該照片的說明，因此至今那張大臉的真相仍不得而知。

話說回來，當年的問題照片解析度非常差，現在回頭去看，只覺得可能是窗簾的皺褶像人臉罷了。

《少年夢冒險》電視遊戲隱藏了製作者的惡毒詛咒

NAMCO在1988年9月發售的任天堂專用遊戲《少年夢冒險》，是描述雙胞胎兄妹在動物們生活的神祕世界展開冒險的奇幻故事。

可是若在遊戲結束時輸入特定指令，就會出現一堆由名為「HIDEMUSHI」的開發者留下的隱藏訊息，內容更是會嚴重嚇壞當時的小朋友們。

主要的內容都是在痛罵以及抱怨當時開發團隊內的同事們，具體有「開發到一半跟男人跑掉的○○○（人名），對就是妳。前一晚做了六次也不洗澡，別這樣直接來上班啦」、「接下來是○○○（人名），肥成這樣肚子都凸出來了，難怪要花一萬八千日圓還只能親親而已」等等，全都是不能讓小朋友們看的誹謗中傷之語。而且這名寫入訊息的人物似乎也不是NAMCO的員工，至今到底是誰也還是找不出來。

【第四章】

古典篇

《白雪公主》裡的王子有戀屍癖

《白雪公主》全球第一部長篇動畫電影，可說是迪士尼動畫的代表作品，1930年上映時更獲得全球最高票房。無論是白雪公主可愛的一舉一動，或是七個小矮人愉快的歌聲，全片的看點不勝枚舉。影片最高潮是王子親吻遭到壞巫婆以毒蘋果殺害的白雪公主，這一幕經典鏡頭更是留名電影史。

然而這位王子卻暗藏著驚世駭俗的暗黑祕密──其實他有戀屍癖。

當然，動畫版裡的王子並沒有這個問題。可怕的部分是構成故事架構而參考的德國民間故事。原本的故事是七個小矮人把白雪公主的遺體裝入玻璃棺之後，王子恰好路過還忽然告訴他們：「已經是屍體也沒關係，把她給我。」就這麼帶著棺材走了。這一幕也就如此輕描淡寫帶過。

然而就在運送遺體的途中，部下因跌倒而搖動到棺材，連帶讓白雪公主咳出了卡在喉嚨裡的蘋果而復活，驚訝的王子就這麼莫名其妙地娶了白雪公主。原作裡甚至連親吻場面都沒有。

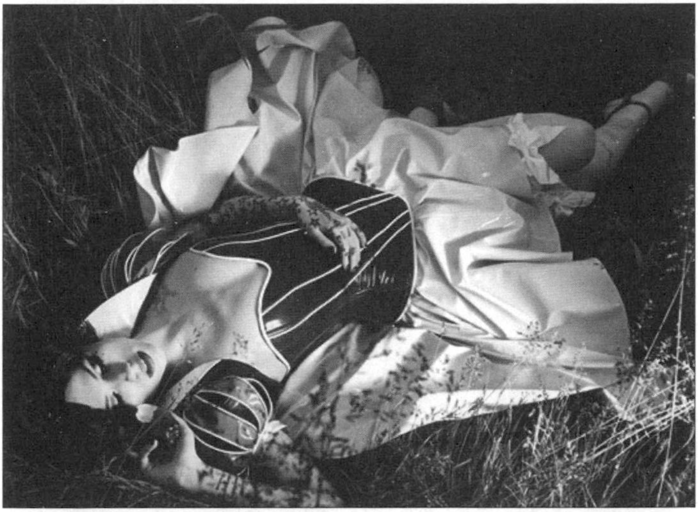
原作裡的白雪公主，是被蘋果噎死的

動畫版裡有描繪這一刻的王子欣喜若狂，但原典裡的王子卻明知有毒蘋果的存在卻不以為意，原本似乎也沒打算讓公主復活，實在讓人不明白他帶走屍體有何打算。

《三隻小豬》的爸爸被殺了做成香腸

迪士尼動畫《三隻小豬》是1993年推出後便獲得奧斯卡最佳短片獎的知名作品。後來本作品中的三隻小豬與大野狼便成為迪士尼具代表性的人氣角色。其後《小紅帽》及改編自伊索寓言《狼來了》的動畫《三隻小狼》，大野狼都成為主要角色。

《三隻小豬》的故事大家都知道，講述三隻小豬為了對抗可怕的大野狼，各自蓋房子抵禦的歡樂童話。可是迪士尼動畫版的《三隻小豬》，卻有個鏡頭令人相當吃驚。

故事進行到後半段，小豬們都逃到磚造的房子裡，順利逃過大野狼的魔掌。不久之後小豬們開心唱著歌時，這時請看看背景牆上的那幅畫。那是一長串的香腸，下方卻很自然地寫著「FATHER（父親）」。

這幅畫的旁邊也掛著養育小豬們的母親照片，看起來被做成香腸的只有父親而已。在儼然變成另一種模樣的父親遺照前，小豬們開心跳舞的光景，實在非常超現實。

本作品所參考的童話本身，並沒有特別提到父親的去向，看來這一幕只是製作人員所開的一個小玩笑。

《三隻小豬》。右上角「父親」的畫像怎麼看都是香腸

在如此歡樂的作品裡，不著痕跡地塞進一個黑色幽默，古典名作果然與眾不同。

《三隻小豬》裡的大野狼被豬吃掉

第200頁介紹了隱藏在迪士尼動畫《三隻小豬》裡的黑色幽默，不過實際上故事所參考的原作童話，還有更多更黑暗的內容。

動畫版《三隻小豬》的原作，是收集了英國古老民謠的《英國童話（English Fairy Tales）》裡所收錄的同名篇章。這個版本裡的小豬們向攻擊他們的大野狼報仇，故事最高潮竟是小豬們反過來吃掉大野狼。

直到三隻小豬各自蓋了房子，主線劇情都還跟動畫的發展一樣。但從大野狼開始攻擊他們之後，劇情就與動畫逐漸不同了。

首先，蓋了茅草屋的豬大哥不只房子被吹走，大野狼還一口就吞下他。接著豬二哥也毫無招架之力地祭了大野狼的五臟廟。動畫版中的小豬們都有勉強保住一命，但原作版有兩隻小豬輕易地就被殺死了。

等到大野狼前往豬小弟所在的磚瓦房子之後，動畫跟原著的發展就完全不同了。沒辦法吹壞牆壁的大野狼決定從煙囪闖入，卻直接掉進已經煮得滾燙的大鍋裡。

在鍋裡被烹煮的大野狼，就這麼成為一鍋濃湯。豬小弟成功復仇之後，把美味的狼肉吃光，故事也在此結束。

整篇故事直到最後都非常殘酷。

童話版《三隻小豬》。大野狼掉進鍋子裡被煮熟吃掉

《魔髮奇緣》的原作是部重口味的色情小說

2011年上映的迪士尼動畫《魔髮奇緣》，敘述一名住在森林深處高塔上，18年來一直被軟禁在塔裡的少女。某天，在忽然出現的竊賊幫助下逃離高塔，一邊擺脫追兵一邊開始冒險，兩人之間更發展出愛情故事。

不過，也只有動畫版才描寫得如此浪漫。原著的《長髮姑娘》，其實是個充滿色慾與醜聞的故事。

原作裡的長髮姑娘當然也是住在高塔上，但後續發展與電影內容完全不同。首先，養育女主角的葛索婆婆每個晚上都邀請村裡的男人來到塔上，出賣長髮姑娘的肉體賺取金錢。因為老太婆年輕時被男人欺騙感情，因此對男人懷抱強烈恨意，對長髮姑娘也同樣地憎惡。

然而有一天，長髮姑娘愛上了一名忽然出現的青年。老太婆當然很生氣，長髮姑娘

也為此做出有生以來的第一次反抗，她逃離高塔與青年私奔了。

原以為長髮姑娘與青年可以在森林裡過著幸福的生活，但之後的故事發展卻更加黑暗。經過了一段時間，青年發現長髮姑娘從前竟然賣春，因此非常激動地質問她。長髮姑娘被問到惱羞成怒，便拋下孩子和丈夫回到塔裡。

於是非常無助的青年，無可奈何地去找葛索婆婆，拼命求她把長髮姑娘還給他。但老太婆只是笑著對長髮姑娘說：

「殺了這個小子吧？」

到這裡的發展已經非常莫名其妙了，沒想到接下來更令人震驚。針對這個要求，長髮姑娘居然同意了！最後遭到殘酷殺害的青年屍體被扔進河裡，高塔又回到原本平靜的生活，可喜可賀、可喜可賀……咦？

《嚕嚕米》
嚕嚕米的身高其實只有10公分左右

在人氣動畫《歡樂嚕嚕米一家》登場的嚕嚕米們，正式名稱為嚕嚕米．托魯，是精靈的一種。

由於外表長得很像河馬，會讓人產生他們體型巨大的錯覺，但實際設定遠非如此。根據作者朵貝．楊笙（Tove Marika Jansson）留下來的敘述來看，嚕嚕米．托魯們只有「電話簿那麼大」而已。

在楊笙的故鄉瑞典，電話簿平均大約只有10～15公分。也就是說，嚕嚕米一家也都大約那種尺寸而已。

原本在動畫版裡，他們比人類司那夫金還要稍微小一點，在原作中有時還小到能鑽進罐頭裡，所以嚕嚕米的尺寸還能依照情況改變。

後來就連朵貝．楊笙都避談關於嚕嚕米的尺寸問題，看來「電話簿大小」的設定已

經成為黑歷史了。

最早以水彩畫描繪的嚕嚕米，和現在的形象完全不同

順帶一提，當時問世的早期嚕嚕米，是命名為「黑色托魯」的水彩畫，擁有大鼻子、大耳朵和紅色的眼睛。是只有黑色剪影的怪獸。跟現在的形象完全不同。

楊笙最早是在反戰雜誌《Garm》上首次畫了嚕嚕米。當時楊笙也畫諷刺納粹及俄羅斯的插圖，自然而然連嚕嚕米的原始設定也相當粗暴。

《嚕嚕米》有中年男人露臉演出的真人版嚕嚕米

人氣動畫《嚕嚕米》，描繪了一群可愛的精靈們悠閒溫和的日常生活。這是由芬蘭作家朵貝．楊笙創造的名作，但各位知道1973年曾推出過真人版本嗎？

那是瑞典的電視公司花費五年製作的影片，所有登場角色都穿著布偶裝上場。內容幾乎是原汁原味忠實呈現了朵貝．楊笙創作的《歡樂嚕嚕米一家》、《嚕嚕米谷的奇妙夏天》故事，就這點來說，粉絲們的評價都不差。

但最重要的問題就在於布偶裝，製作的樣子莫名地隨便。既然是布偶裝，嚕嚕米的表情都很僵硬也是莫可奈何，但為什麼只有手的部分會伸出人類手指，整個看起來很不對勁。

而影集到中段時還發生了其他問題。由於收到觀眾「覺得不舒服」的意見，沒多久之後嚕嚕米們乾脆脫掉布偶裝，裡面的演員們開始以真面目示人。

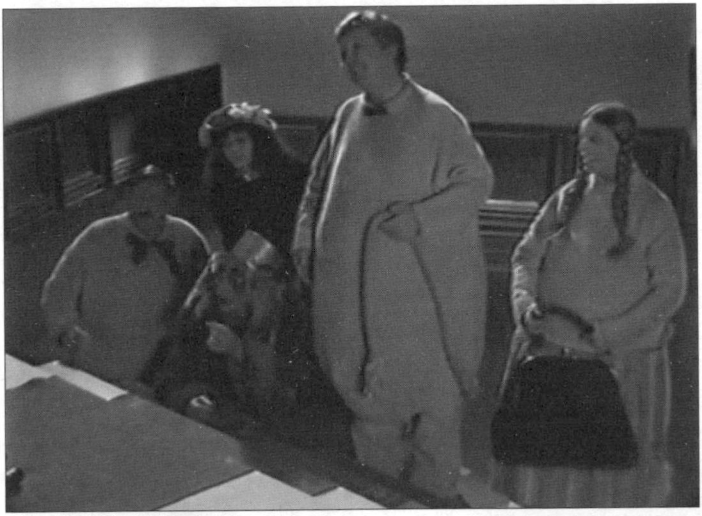
直接露出人臉來扮演嚕嚕米

扮演嚕嚕米的人，是當年瑞典非常紅的喜劇演員，雖然是個看起來人很好的中年男子，但穿著鬆垮垮的嚕嚕米裝，看上去就像個單純喜歡角色扮演的大叔而已。

於是全球首部真人版嚕嚕米，只上演了13集就草草收場，至今仍不見續篇的蹤影。

《嚕嚕米》的世界觀是核冬天與戰爭的寓言

經典名作經常伴隨奇怪的流言，動畫版《歡樂嚕嚕米一家》當然也不乏可怕的都市傳說。傳說的內容是指嚕嚕米所居住的嚕嚕米谷，其實是人類因核戰而滅亡的世界。

根據這個傳聞，司那夫金是人類唯一的倖存者，嚕嚕米們則是遭輻射線傷害而突變的河馬。網路上甚至還有非常逼真的故事在流傳。這些說法當然全都是空穴來風，嚕嚕米是北歐一種名為「托魯」的精靈，故事裡除了司那夫金也有其他人類登場，這些登場角色也會使用車子或電器。

不過，關於嚕嚕米的世界「包含了對核武的批判」這個說法，從很久以前就有不少評論專家提出相同看法，屢見不鮮。

例如喬治·施菲爾德（George C. Schoolfield）的《芬蘭文學史》裡就提到，原作小說系列第二集《嚕嚕米谷彗星來襲》遭到巨大火球攻擊的場面，以及嚕嚕米們在大雪中沉睡等令人不安的場面，都是在表現核戰與核冬天[6]的情景。

實際上朵貝・楊笙的希特勒及納粹諷刺畫也相當出名，相當富有批判精神。因此在嚕嚕米的書裡加入批判元素似乎不足為奇。

《歡樂嚕嚕米一家》的最後一集。巨大火球襲擊嚕嚕米谷

6　由美國著名天文學家卡爾・愛德華・薩根（Carl Edward Sagan）提出，認為在核戰後，全球將生活在寒冷、黑暗、充滿核輻射的氣候中。

《嚕嚕米》
嚕嚕米爸爸是棄兒，以前只有代號

人氣動畫《歡樂嚕嚕米一家》是描述住在嚕嚕米谷的托魯一家人的生活，而身為全家人支柱的溫柔爸爸，其實有著遭到父母拋棄的傷心過往。

這是動畫初期播放的《嚕嚕米爸爸的回憶》裡所敘述的故事。某天，裝在紙袋裡的嚕嚕米爸爸被放在孤兒院前，故事就此開始。爸爸自此之後便在孤兒院生活，但院長的個性很嚴厲，不僅嚴格控制用餐及洗澡時間，就連鞠躬的角度都很要求。孤兒院裡當然不會有任何娛樂，孤兒們的背上都有數字，每個人都以編號代稱。

嚕嚕米爸爸後來受不了像監獄一般的生活，就逃離孤兒院。他搭上蒸汽船邁向冒險之旅，並在旅途中結識了嚕嚕米媽媽。向來都給觀眾溫和穩重印象的嚕嚕米爸爸，沒想到背負了如此艱辛的過去。

《小熊維尼》小熊維尼不能與米奇同台演出

迪士尼的卡通人物們，跨作品合作演出的例子不少，例如米奇主演的作品，就會有唐老鴨跟高飛當配角，唐老鴨主演的作品也經常有米奇友情客串。不過唯有一個例子是被官方禁止和米奇同台共演，那就是《小熊維尼》。無論任何一部動畫作品中都不會有雙方同時出現的鏡頭，在迪士尼樂園裡也看不到兩方合作表演的場面。

這當然不是因為這兩個角色的交情不好才如此。其實迪士尼並沒有小熊維尼的使用權，版權持有者是另一家名為 Stephen Slesinger.Inc. 的公司。迪士尼販售維尼周邊商品的部分收益必須支付給該公司，但如果維尼要跟米奇共演的話，收益分配就會變得很複雜。為了避開這方面的問題，基本上小熊維尼都沒辦法跟其他作品的角色共演。

《小熊維尼》的世界來自男孩所打造的幻想

「小熊維尼」是迪士尼最具代表性的人氣角色之一。故事以百畝森林為舞台，描述小熊與各種動物們的生活，是小朋友必看動畫。

但原本小熊維尼與他的夥伴們，都是由一名叫克里斯多福・羅賓（Christopher Robin）所幻想出來的，這點出乎意料地很少人知道。

《小熊維尼》最早是A.A. 米恩為了自己的兒子所創作的兒童文學。作品中也有許多作家聽克里斯多福・羅賓說完故事後寫進去的場景，因此故事中的維尼等角色，其實都只是布偶而已。

事實上迪士尼過去製作的多部動畫裡，也有維尼的肚子裂開裡面噴出棉花，或是夥伴的尾巴、手臂斷掉的場面等，驚人的鏡頭出現過好幾次。但整體看起來，與少年的幻想有關的描述非常少，而且近年的系列作品裡，克里斯多福・羅賓沒登場的單元也越來越多，因此觀眾才會幾乎忘記原本的設定。

然而2011年上映的《小熊維尼》（Winnie the Pooh）電影版，開頭就是克里斯多福．羅賓房間的真實照片，而且畫面非常詳盡，也強調了小熊維尼只是個布偶的事實。

《小熊維尼》的題材來源就是這些實際存在的布偶

《彼得兔》的父親被殺害並烤成派

《彼得兔》誕生至今已經超過一百年，是擁有非常高人氣的英國經典繪本系列。可是在2013年5月1日公開的「日本版官方網站」上的「角色介紹」欄，卻揭露了一項驚人的事實，讓許多粉絲感到相當震驚。

角色介紹的畫面上有可愛的彼得媽媽和朋友們，卻只有父親的部分寫著「彼得的爸爸（被麥奎格太太烤成派了）」，放的圖片也是沒有任何兔子面貌的派圖。

這個設定早在系列第一部《彼得兔的故事》裡就出現過，故事開頭是媽媽正在告誡彼得兔們的場景，她說的話如下：

「妳們絕對不可以去一般老百姓的麥奎格家與這片田。你們的爸爸就是在那裡遭到意外，才被麥奎格太太烤成兔肉派的。」

媽媽很輕描淡寫地就把恐怖事實告訴孩子們。

在早期的繪本裡，甚至還有彼得爸爸被人類吃掉的鏡頭，驚悚度更是破表。還被當時的讀者們批評「太過可怕」。

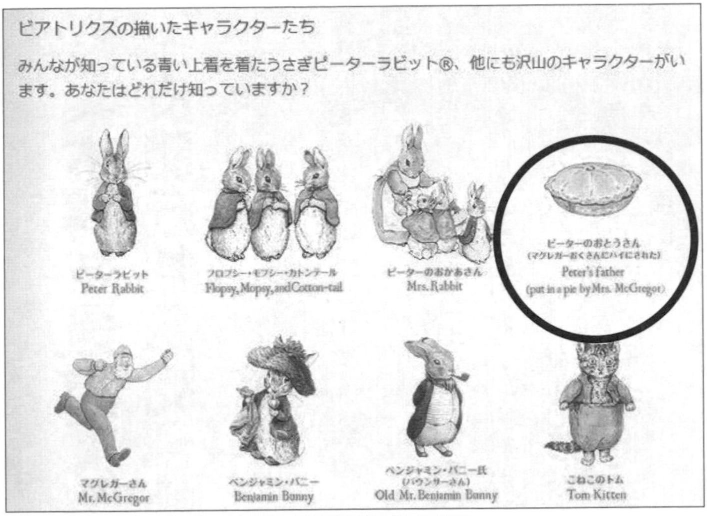

《彼得兔》的官方網站。清楚地寫著父親被做成派了

然而這個殘酷的設定，是因為作者想傳達大自然殘酷的一面而刻意加入的。因此為了尊重作者的意志，至今官方仍沿用「爸爸被做成派吃掉」的設定，不予變動。

《木偶奇遇記》皮諾丘被吊死，蟋蟀被木槌打死

1940年上映的《木偶奇遇記》，是一部至今仍深受喜愛的迪士尼動畫傑作。時鐘工匠葛派特爺爺製作出來的木偶，在經歷一番大冒險之後變成人類，是充滿夢想與希望的奇幻故事。

可是由卡洛．科洛迪（Carlo Collodi）所寫的原著故事《木偶奇遇記》，原本是諷刺社會的作品，因此跟迪士尼的版本不同，風格相當灰暗。

第一個極大的不同，就是身為皮諾丘保鏢的超人氣角色吉明尼蟋蟀，在原作一開始就已經被殺了。而且還是被皮諾丘扔出的木槌打死，相當悲慘。對於電影版的粉絲而言，肯定是令人憂鬱的發展。

而皮諾丘本人更是多災多難，故事中段他差點被人偶戲的老師傅燒掉，又被狐狸和貓欺騙綁架，不幸遭遇一樁接著一樁。最可怕的則是結局，最後他竟被吊死在樹上。

原作的故事發展據說也讓華特・迪士尼苦惱了很久，電影版的劇本還一度難產。就連配音演員們開始作業了，製作過程還曾中斷過，花了好幾個月修正劇本。

後來，皮諾丘的故事才改成像我們現在所認識的這樣，是天真無邪又開心的故事。

原作版《木偶奇遇記》。皮諾丘被吊死

《湯姆貓與傑利鼠》以前的湯姆貓跟傑利鼠是真的打算幹掉對方

1940年開始播放的《湯姆貓與傑利鼠》，是在全球大受歡迎的熱門動畫。這部圍繞著粗暴湯姆貓和機伶傑利鼠的熱鬧喜劇，至今仍一直有新作品不斷推出。

故事的固定發展都是傑利鼠被湯姆貓追殺之後，會利用日常用品或家電來展開反擊，兩人越吵越要好。這部作品給觀眾的印象就是詼諧有趣，卻跟早期的《湯姆貓與傑利鼠》有極大的差異。

其中的代表，便是1943年製作的〈勝利在我〉。內容敘述湯姆貓與傑利鼠認真開戰，完全不同於平常的打打鬧鬧，以真的炸藥及槍砲彼此交火，最後以湯姆貓被炸死收場，是問題很嚴重的作品。

當初的《湯姆貓與傑利鼠》本來就有很強大的社會諷刺元素，這集作品也是在模仿第二次世界大戰的光景，並不是適合兒童觀賞的動畫。

《勝利在我》，與煙火綁在一起的湯姆貓被炸死的驚駭結局

其他早期的《湯姆貓與傑利鼠》也有不少殘酷的畫面，例如1952年上映的短篇〈大鬧派對〉，最後一幕就是湯姆貓被掛在斷頭臺上砍下腦袋的光景。這種衝擊畫面確實不適合小朋友收看。

不過自1960年代之後，對暴力鏡頭的規範變得更嚴格，因此大半的動作鏡頭都在編輯時刪除了。最後演變至今，成為一齣無害的笑鬧喜劇。

《草原小屋》的結局是房子爆炸

1975年開始播放的《草原小屋（Little House on the Prairie）》，是以十九世紀末西部拓荒時代的美國明尼蘇達州為背景，描述恩格斯一家平淡安穩的生活。

一家子以可靠的爸爸為中心，由溫柔的媽媽、淘氣的女兒們一起寫下溫暖的日常故事，是令人感動的家庭溫馨劇。故事對主角蘿拉的家人們在荒蕪的西部土地上建造房子並耕作，最後發展出城鎮的一連串過程有詳細的描述。這是一部共製播了九季的超紅美國影集，現在仍被視為影視史上家庭類連續劇中的傑作之一。

可是在影片的最後一集，居然發展出令人驚愕的悲劇情節，讓許多觀眾震驚不已。

故事內容從恩格斯一家居住的城鎮與房子被惡質不動產業者收購開始。鎮民們當然會出面抗議，但收購的過程都是合法的，因此也拿他們沒辦法。

生氣的鎮民們想到「至少我們有權對自己的房子做任何事」，因此用炸藥炸了這些建築物，主角的家也變得支離破碎。

《草原小屋》。主角的家炸掉的衝擊性一幕

惡質不動產業者見到變成廢墟的小鎮非常憤恨，但鎮民們毫不以為意地唱著歌離開了鎮上，這部故事就此結束。連續播放六年深受喜愛的草原之家就這麼乾脆被炸毀，當時還出現許多向電視台抗議的觀眾。

不過這麼突然的發展，似乎是因為飾演爸爸的麥可・蘭登（Michael Landon）當時罹癌。由於蘭登的大半演員生涯都給了《草原小屋》，所以希望炸掉小屋當作結局來陪伴自己離世。他的心情似乎也不難理解……

國家圖書館出版品預行編目(CIP)資料

崩壞！令人顫慄的恐怖動漫史 / 鐵人社編輯部作；鍾明秀翻譯 .-- 初版 .-- 新北市：大風文創 ,2020.09 面；公分

ISBN 978-986-99225-2-4（平裝）

1. 動漫 2. 讀物研究

956.6 109009882

崩壞！令人顫慄的恐怖動漫史

作　　者／鐵人社編輯部
翻　　譯／鍾明秀
主　　編／林巧玲
封面設計／比比司設計工作室
美術編輯／陳琬綾
編輯企劃／大風文化
發 行 人／張英利
出 版 者／大風文創股份有限公司
電　　話／（02）2218-0701
傳　　真／（02）2218-0704
網　　址／http://windwind.com.tw
E-Mail／rphsale@gmail.com
Facebook／http://www.facebook.com/windwindinternational
地　　址／231 台灣新北市新店區中正路 499 號 4 樓

台灣地區總經銷／聯合發行股份有限公司
電　　話／（02）2917-8022　傳　　真／（02）2915-6276
地　　址／231 新北市新店區寶橋路 235 巷 6 弄 6 號 2 樓

港澳地區總經銷／豐達出版發行有限公司
電　　話／（852)2172-6513　傳　　真／（852)2172-4355
E-Mail／cary@subseasy.com.hk
地　　址／香港柴灣永泰道 70 號柴灣工業城第二期 1805 室

初版二刷／2023 年 05 月；定　　價／新台幣 280 元